Medizin zwischen Moral und Moneten

Laura Dalhaus

Medizin zwischen Moral und Moneten

Wie eine Hausärztin das Gesundheitssystem erlebt und was sich ändern muss

Illustrationen von Cla Gleiser

 Springer

Laura Dalhaus
Rhede, Deutschland

ISBN 978-3-658-40042-2   ISBN 978-3-658-40043-9   (eBook)
https://doi.org/10.1007/978-3-658-40043-9

Die Deutsche Nationalbibliothek verzeichnet diese Publikation in der Deutschen Nationalbibliografie; detaillierte bibliografische Daten sind im Internet über http://dnb.d-nb.de abrufbar.

Planung/Lektorat: Rolf-Guenther Hobbeling
Springer ist ein Imprint der eingetragenen Gesellschaft Springer Fachmedien Wiesbaden GmbH und ist ein Teil von Springer Nature.
Die Anschrift der Gesellschaft ist: Abraham-Lincoln-Str. 46, 65189 Wiesbaden, Germany

Danksagung

… an meine Patienten, die in diesem System wirklich „viel Arzt" aushalten.

… an meinen Kollegen Dirk, der meine diversen Projekte und Engagements unterstützt und damit erst möglich macht.

… an das beste MFA-Team der Welt. Ohne euch geht's sowieso schon mal gar nicht!

… an Simone Richter. Ohne dich wäre dieses Buch eine bloße Idee geblieben!

… an Rolf-Günther Hobbeling vom Springer-Verlag, der sich von diesem Thema mitreißen ließ.

… an meine Schwester. Für alles.

Rhede
im Januar 2023

Inhaltsverzeichnis

1 Einleitung 1

Literatur 5

2 Gesundheitsversorgung heute: Ein Realitätscheck 7

Fall 1: „Karpaltunnelsyndrom ist kein Notfall" 9

Fall 2: „Schreiben Sie das doch einfach auf!" 18

Fall 3: „Hallo! Kann mal jemand nach ihr sehen?" 24

Fall 4: „Es bestand keine Indikation zur stationären Aufnahme" 28

Fall 5: „Bitten senden Sie einen aktuellen Psychotherapiebericht an den MD" 34

Fall 6: „Die komplexe Vorgeschichte darf ich als bekannt voraussetzen" 38

Fall 7: „Geh mal nach Hause. Das ist ja nix ..." 43

Drei Fragen an Dr. Canan Toksoy und Dr.
Anna Hinterberger, Oberärztinnen im St.
Franziskus-Hospital Münster-Hiltrup   51
Literatur   56

**3   Gesundheitsversorgung heute: Mensch
      und Moral**   59
Fall 8: „Die lassen sie nicht gehen"   61
Fall 9: „Werden Sie mal nicht unsachlich,
Frau Kollegin!"   65
Fall 10: „Sie wissen ja, wer es nötig hat"   68
Fall 11: Wohin mit Friedrich?   72
Fall 12: „Das kann ja jeder behaupten!"   76
Fall 13: „Das hätte ich bezahlen müssen"   85
Fall 14: „17.000 € für vier Wochen Leben"   89
Drei Fragen an Simone Borchardt, MdB,
Gesundheitsausschuss   93
Literatur   95

**4   Gesundheitsversorgung heute:
      Bürokratisches Absurdistan und Versuch
      einer Digitalisierung**   97
Fall 15: „Statt 1200 dürfen wir nur noch 780
Patienten pro Quartal behandeln"   99
Fall 16: „Können Sie das nicht eben faxen?"   103
Fall 17: „Haben wir den gleichen Daumen?"   108
Fall 18: „Mit der Krankenkasse Ihrer Oma
haben wir keinen Vertrag"   113
Fall 19: „M75.1 wäre ok, M75.3 führt zum
Regress"   116
Fall 20: „Die Patientin ist doch nicht
palliativ"   121
Fall 21: „Es sind nicht alle konservativen
Maßnahmen ausgeschöpft"   126

Drei Fragen an Dr. Volker Schrage, Vorstand
Kassenärztliche Vereinigung Westfalen-Lippe   131
Literatur   135

5   Exkurs: Ein Wort zur Corona-Pandemie   137
Fall 22: „Nein, zu Ihren Eltern können Sie
nicht"   138
Fall 23: „Dirk, haben wir eine Nuklearwaffe
bestellt?"   140
Fall 24: „Ich will aber Biontech!"   141
Fall 25: „Mein Sohn ist ein Höhlenmensch
geworden"   143
Drei Fragen an Anke Richter-Scheer,
Vorsitzende des Hausärzteverbandes
Westfalen-Lippe   145
Literatur   146

**6   Gesundheitsversorgung morgen und
übermorgen**   149
Wünschenswerte Verläufe der skizzierten 21
Fälle aus meiner Sicht   152
Was braucht „gute Medizin"? Das ist die
Gretchenfrage …   163
Was ich mir als Ärztin wünsche   167
Warum es doch der großartigste Beruf der
Welt ist oder: „Ich geb die Bits zum Steri"   173
Drei Fragen an Matthias Horx,
Zukunftsforscher   176
Literatur   178

**Nachwort – wieviel Revolution verspricht die
Krankenhausreform von Karl Lauterbach**   181

Literatur   189

Über die Autorin

Lana Roßdeutscher Hausärzteverband Westfalen-Lippe

Dr. Laura Dalhaus (MaHM) ist Humanmedizinerin und leitet ihre eigene Praxis im westlichen Münsterland. In der Gemeinschaftspraxis arbeitet sie als niedergelassene Fachärztin für Allgemeinmedizin und ist hausärztlich selbständig tätig.

Ihren Start in die berufliche Laufbahn begann sie mit dem Studium der Humanmedizin an der Westfälischen Wilhelms-Universität Münster. In ihrer Promotion befasste sie sich mit „Essstörungen im Fitness- und Freizeitsport" und untersuchte das Ess- und Trainingsverhalten von Mitgliedern in Fitness- und Freizeitanlagen. Später war sie am Aufbau des Adipositas-Zentrums in Münster beteiligt.

Zu ihren beruflichen Etappen zählen ihre Tätigkeit als Ärztin in der Chirurgie des Herz-Jesu-Krankenhauses, die Facharztausbildung schloss sie als Allgemeinchirurgin ab. In der handwerklich anspruchsvollen minimalinvasiven Medizin stieß sie als Linkshänderin immer wieder an ihre Grenzen. Daher setzte sie einen neuen Schwerpunkt in der Notfallmedizin, beteiligte sich am Aufbau eines Notarztstandortes in Sendenhorst, war als freiberufliche Notärztin für die Stadt Münster, den Kreis Warendorf, Kreis Coesfeld und den Kreis Borken (mit über 700 Einsätzen in verschiedenen Rettungsdienst-Teams), als Notfallmedizinerin im Notfallzentrum des HELIOS Klinikums Krefeld einschließlich einer Notarzttätigkeit für die Berufsfeuerwehr Krefeld und als Notärztin in Nordrhein-Westfalen tätig.

Als angestellte Ärztin in Borken absolvierte Laura Dalhaus die Weiterbildung in der Allgemeinmedizin mit Facharztprüfung und stieg anschließend in die Gemeinschaftspraxis mit ein. Parallel dazu absolvierte sie das berufsbegleitende Masterstudium „Health Management" an der Apollon Hochschule für Gesundheitswirtschaft in Bremen mit dem Abschluss MaHM. Ihre Masterthesis verfasste sie als gesundheitsökonomische Betrachtung über „Operative und konservative Adipositastherapien in den DACH-Staaten".

Laura Dalhaus hat eine Reihe an Weiter- und Zusatzquali-
fikationen (Stressmedizin, Sportmedizin, Notfallmedizin,
Gesundheitsförderung und Prävention, Ernährungsmedizin)
erworben. Sie ist Advanced Trauma Life Support Provider.

Als Expertin hat Laura Dalhaus bereits ein Fachbuch
unter dem Titel „Handbuch Adipositas – Übergewicht
verstehen und handeln: Konservative und Chirurgische
Therapiemöglichkeiten" veröffentlicht.

Medizinisches Abkürzungsverzeichnis

AU	Arbeitsunfähigkeitsbescheinigung
BMI	Body-Mass Index
DiGA	Digitale Gesundheitsanwendung
DKG	Deutsche Krankenhausgesellschaft
e-AU	Digitale Arbeitsunfähigkeitsbescheinigung
e-PA	Digitale Patientenakte
EBM	Einheitlicher Bewertungsmaßstab (als Grundlage aller ärztlichen Leistungen der gesetzlichen Krankenversicherung)
G-BA	Gemeinsamer Bundesausschuss
GKV	Gesetzliche Krankenversicherung
GOÄ	Gebührenordnung für Ärzte (für den Bereich der Privaten Krankenversicherung)
IKK	Innungskrankenkasse
KBV	Kassenärztliche Bundesvereinigung
KV	Kassenärztliche Vereinigung
KZBV	Kassenzahnärztliche Bundesvereinigung
MD	Medizinischer Dienst
MDK	Medizinischer Dienst der Krankenversicherungen

MFA	Medizinische Fachangestellte
MMK	Multimodales Therapiekonzept
MVZ	Medizinisches Versorgungszentrum
SSB	(medizinisches) Material für den Sprechstundenbedarf
TEP	Totalendoprothese
WHO	World Health Organization

1

Einleitung

Liebe Leserinnen und Leser,
meine Überzeugung ist: Wir als Patienten, Steuerzahler
und Versicherte müssen uns für die Zukunft unserer
Gesundheitsversorgung jetzt engagieren! Dafür müssen
wir eine breite gesellschaftspolitische Debatte einfordern
und uns aktiv an dieser beteiligen. Denn die ist bis heute
tatsächlich nicht geführt worden. Danke, dass Sie sich
mit diesem wirklich wichtigen und nicht ganz einfachen
Thema befassen.

Wir als Bürger sind es eigentlich gewohnt, um die
besten Konzepte zu ringen und in Wahlen abstimmen
zu können. Die umfassend medial unterstützte Diskussion um die Neuordnung und Reform der Sterbehilfe im letzten Jahr ist vielen vielleicht noch in guter
Erinnerung. Das Fernsehen zeigte Filme, die Sterbehilfe
thematisierten. Im Anschluss wurde in diversen Talk-
show-Formaten diskutiert, mal hoch emotional, mal sehr
sachlich. Das Thema wurde nicht nur unter Journalisten,

© Der/die Autor(en), exklusiv lizenziert an Springer Fachmedien
Wiesbaden GmbH, ein Teil von Springer Nature 2023
L. Dalhaus, *Medizin zwischen Moral und Moneten,*
https://doi.org/10.1007/978-3-658-40043-9_1

sondern an vielen deutschen Küchentischen besprochen. Kaum weniger engagiert kam im Herbst 2022 der Einstieg des chinesischen Unternehmens Cosco in den Hamburger Hafen auf die Agenda. Da verwundert es mich schon sehr, dass sich von der Öffentlichkeit kaum beachtet Private Equity (privates Beteiligungskapital) im großen Stil in unsere Gesundheitsversorgung einkaufen konnte. Mehr noch: Die Politik hat mit dem Gesundheitsmodernisierungsgesetz im Jahr 2004 und dem GKV-Versorgungsstärkungsgesetz von 2015 den Einstieg privater Investoren gefordert und gefördert. Und es hat leider keine große Debatte dazu stattgefunden, ob wir das als Bürger, Steuerzahler und Patienten eigentlich wollen. Diese Diskussion muss nach meinem Dafürhalten dringend nachgeholt und nun endlich geführt werden. Dazu will dieses Buch anregen.

Ein Blick in die Geschichte der Gesundheitspolitik offenbart, wie schwierig und komplex sich dieses politische Minenfeld darstellt. Echte Reformen wurden unter der Gesundheitsministerin Ulla Schmidt eingeführt, die ab 2001 immerhin acht Jahre im Amt war und daher auch entsprechend Zeit für die Umsetzung einer Reform hatte. Ihr verdanken wir das 2003 eingeführte DRG-System (also das Klassifikationssystem für ein pauschaliertes Abrechnungsverfahren) und die 2004 eingeführte Praxisgebühr. 2009 folgte ihr der FDP-Politiker Philipp Rösler für zwei Jahre ins Amt. Er konnte immerhin von sich behaupten, Arzt zu sein. Auch wenn er nur auf zwei Jahre klinische Erfahrung in der HNO-Abteilung eines Bundeswehrkrankenhauses zurückblicken konnte, machte das wohl mächtig Eindruck. Er führte auf der einen Seite die Gesundheitsprämie ein, eine Art Bonuszahlung der Gesetzlichen Krankenversicherung an ihre Mitglieder. 2011 setzte er dann eine Gesundheitsreform durch, die den Krankenkassen erlaubte, Zusatzbeiträge von ihren Versicherten zu verlangen. Damit war eine Art „Markt" und eine gewisse Konkurrenz der Krankenkassen untereinander entstanden. Koalitionspartner, Opposition und Sozialverbände waren gleichermaßen unzufrieden mit dem Reformwerk. Trotz seiner beruflichen Herkunft war das Gesundheitsministerium nicht das Ziel des Berufspolitikers Rösler: Nach dem Ausscheiden von Guido Westerwelle wurde er FDP-Parteichef und wechselte in das Wirtschaftsressort. Von da an durfte sich Daniel Bahr im Gesundheitsministerium versuchen. Dieser kassierte zuallererst die umstrittene Praxisgebühr wieder ein. In seine Amtszeit fiel die SARS-Epidemie auf dem asiatischen Kontinent. Aus dieser Ära existiert eine umfangreiche Analyse der Wissenschaftlichen Dienste des Deutschen Bundestages, die leider wenig Gehör fand: Experten stellten fest, dass Deutschland für eine derartige Epidemie nicht gerüstet sei. SARS hat es seinerzeit nicht nach Deutschland geschafft, Corona ein Jahrzehnt später leider schon.

Nach der Bundestagswahl 2013 war die liberale Boygroup Geschichte und das Gesundheitsressort erhielt der Merkel-Vertraute Hermann Gröhe. Er kämpfte mit langen Wartezeiten auf Facharzttermine, Qualitätsstandards und „der Pille danach". 2018 sah sich Gröhe einem massiven „Pflegeaufstand" gegenüber: „Die Politik will den Kollaps in den Kliniken abwenden und eine Mindestzahl von Pflegekräften vorschreiben. Das wird teuer und ist doch ohne Alternative. Längst begehren die überlasteten Helfer auf", schrieb die Wirtschaftsredakteurin Kristina Gnirke im Spiegel (Gnirke, 2018). An dieser Stelle sei betont: Die massiven Personalengpässe sind nicht erst seit der Corona-Pandemie eines der wesentlichen Probleme in unserer Gesundheitsversorgung – auch wenn „die Politik" manchmal den Eindruck erwecken möchte, die Probleme seien erst durch COVID entstanden.

Nach der Bundestagwahl 2018 fällt Hermann Gröhe einem innerparteilichen Proporz zum Opfer: Bundeskanzlerin Angela Merkel muss den jungen, aufstrebenden und konservativen Jens Spahn in ihrem Kabinett unterbringen. Dieser darf sich ab 2019 mit der Corona-Pandemie beschäftigen und fällt durch „Masken-Deals" und ungeprüfte Abrechnungen dubioser COVID-Testzentren negativ auf.

Mein Fazit der letzten gut 20 Jahre deutscher Gesundheitspolitik fällt nüchtern aus: Die letzten echten Reformen gehen auf die SPD-Politikerin Ulla Schmidt zurück. Ansonsten zeichnete sich keiner ihrer Amtsnachfolger durch einen großen Wurf aus.

Als Leser halten Sie hier die subjektive Meinung einer Hausärztin in den Händen, die es nur ein Jahr in einem Krankenhaus einer großen, privaten Klinikkette ausgehalten hat. Als Verfasserin habe ich exemplarische und reale Patientengeschichten aus meinem Praxisalltag ausgewählt, um den Status quo und die Probleme in der aktuellen Gesundheitsversorgung aufzuzeigen. Dabei sind die erzählten Geschichten echte „Fälle" aus meiner Praxis, die Namen der Patienten allerdings frei erfunden.

Ich kann und möchte hier zwar keine umfassende und schon gar keine komplette Analyse unseres Gesundheitssystems anbieten, dennoch aber meine subjektive Einschätzung zu Papier bringen.

Ihre Laura Dalhaus.
PS: Mir ist es wichtig, dass sich alle Menschen gleichermaßen angesprochen fühlen. Die gewählte männliche Form bezieht sich immer zugleich auf weibliche, männliche und diverse Personen. Ich habe zu Gunsten der besseren Lesbarkeit auf Sternchen, Binnen-I und Doppelpunkt verzichtet. Alle personenbezogenen Bezeichnungen sind geschlechtsneutral zu verstehen.

Literatur

Gnirke, K. (11. Februar 2018). Kostendruck im Krankenhaus, Aufstand der Pfleger. *Der Spiegel*. https://www.spiegel.de/wirtschaft/unternehmen/deutschland-pflegekraefte-in-krankenhaeusern-kaempfen-mit-streiks-fuer-mehr-personal-a-1191190.html. Zugegriffen: 12. Nov. 2022.

2

Gesundheitsversorgung heute: Ein Realitätscheck

Illustration: Cla Gleiser

© Der/die Autor(en), exklusiv lizenziert an Springer Fachmedien
Wiesbaden GmbH, ein Teil von Springer Nature 2023
L. Dalhaus, *Medizin zwischen Moral und Moneten*,
https://doi.org/10.1007/978-3-658-40043-9_2

Der oder die Deutsche geht laut Statistischem Bundesamt 9,9 Mal pro Jahr zum Arzt (Statistisches Bundesamt,
2022). Damit liegen wir im Vergleich der OECD-Länder
auf dem fünften Rang. An der Spitze befindet sich Süd-
korea mit 16,9 Arztbesuchen pro Einwohner und Jahr
(Janson, 2020).

Beim Thema Arztbesuch und Gesundheit können also
eigentlich alle mitreden. Das ist wie beim Thema Schule –
dazu hat jeder eine Meinung, weil er selbst auch irgendwie
irgendwann betroffen war oder ist. Trotzdem erlaube ich
mir, aus meiner persönlichen, hausärztlichen Perspektive
Erlebnisse und Patientengeschichten zu schildern, die
meinen Alltag bestimmen. Diese Geschichten sind echte
Patientenerlebnisse aus meiner Praxis und sollen die
Probleme unserer Gesundheitsversorgung demonstrieren.
Dabei klaffen Anspruch und Wirklichkeit unseres
Gesundheitssystems bisweilen massiv auseinander. Und
das, obwohl wir im internationalen Vergleich viel für
unsere Gesundheit ausgeben: Die veranschlagten Aus-
gaben für das Jahr 2022 belaufen sich auf 441 Mrd. EUR,
was 13,1 % des Bruttoinlandsprodukts entspricht und
5298 € je Einwohner bedeutet (Statistisches Bundesamt,
2022). Der Durchschnitt der Gesundheitsausgaben der 36
OECD-Staaten liegt bei 8,8 % des Bruttoinlandsprodukts
(OECD, 2020). So darf man als Versicherter in Deutschland eigentlich einen gewissen Versorgungsgrad mit entsprechendem Facharztzugang erwarten. Zumindest lassen
sich die genannten Zahlen im internationalen Vergleich so
lesen.

Daher beginnt dieses Buch mit einem „Realitätscheck".
Im ersten Kapitel finden Sie einen bunten Strauß an
„Fällen" aus meinem hausärztlichen Alltag: immer wahr-
heitsgemäß, dabei allerdings in höchstem Maße subjektiv

und wertend aus der Perspektive einer Hausärztin, die sich mit dem Status quo nicht abfinden will.

Fall 1: „Karpaltunnelsyndrom ist kein Notfall"

Werner Uhlenbrock stellt sich heute in meiner Sprechstunde vor. Herr Uhlenbrock ist 52 Jahre alt und Zweiradmechaniker. Heute hat er die Arbeit abgebrochen – die Schmerzen in seiner rechten Hand machen weiteres Schrauben unmöglich. Daher hat er kurzfristig einen Termin in unserer Notfallsprechstunde vereinbart. Dank guter Organisation, ausreichend Räumen und großartigen Medizinischen Fachangestellten (MFA) sitzt Herr Uhlenbrock schon in Raum 2, als ich das Sprechzimmer betrete. Wie ein Häufchen Elend, das ist mein erster Eindruck. Er hat noch seine graue Arbeitslatzhose an und sitzt gekrümmt auf einem der Stühle vor dem Schreibtisch. Er habe schon seit Wochen „richtig Piene" in der rechten Hand. „Erst ja nur nachts, dann bin ich wach geworden, habe die Hand geschüttelt und geknetet und dann ging's irgendwie. Aber jetzt geht gar nix mehr. Es kribbelt und ich kann auch die kleinen Schräubchen nicht mehr packen", berichtet er.

Mein erster Eindruck von ihm erklärt sich durch den seit Wochen nicht mehr erholsamen Schlaf. Herr Uhlenbrock ist klassischer Westfale und lebt nach dem Motto: „Was von alleine kommt, geht auch von alleine!" Er ist kein Arztgänger. In diesem Fall wäre eine frühere Vorstellung allerdings durchaus sinnvoll gewesen. Herr Uhlenbrock hat ein sogenanntes Karpaltunnelsyndrom (KTS). Dabei hat ein Nerv, der Medianus, im Bereich des beugeseitigen Handgelenks zu wenig Platz und wird geschädigt. Typischerweise beginnt das mit Schmerzen und Kribbeln in der Nacht in Daumen, Zeige- und Mittelfinger.

Die Beschwerden von Herrn Uhlenbrock sind aber bereits derart ausgeprägt, dass eine Orthese (also eine Art Gips zum An- und Ausziehen) für die Nacht sicherlich nicht ausreichend sein wird. Das ist ein Fall für die Handchirurgie. Zwingende Voraussetzung dafür ist eine Messung der Nervenleitgeschwindigkeit (NLG) beim Neurologen. Ich erkläre Herrn Uhlenbrock seine Beschwerden und was nun zu tun ist: „Sie brauchen die Messung vom Neurologen, und damit stellen Sie sich dann in der örtlichen Handchirurgie vor. Die operieren das dann. Sie werden nach der OP für etwa eine Woche eine Schiene bekommen, nach 14 Tagen kommen die Fäden raus und wenn dann alles gut ist, können Sie wieder arbeiten. Bis dahin schreibe ich Sie krank." Herr Uhlenbrock verlässt mit einer Überweisung zum Neurologen, einem Rezept für eine Orthese und einer Arbeitsunfähigkeitsbescheinigung (AU) die Praxis. Die Krankschreibung habe ich schon mal für 14 Tage ausgestellt, in dem Wissen, dass die neurologische Messung nicht binnen einer Woche zu bekommen ist.

Nach zwei Wochen sehe ich den Patienten wieder, jetzt nicht mehr in Arbeitslatzhose, sondern in Jeans und Hemd. Die Beschwerden sind gleichbleibend, einen Termin beim Neurologen hat er in sieben Monaten bekommen. Wir beide schauen uns an, unsere Blicke spiegeln die Frage, die sich in unseren Köpfen formuliert hat: Sieben Monate Arbeitsunfähigkeit, da eine Untersuchung nicht eher zu bekommen ist? „Frau Doktor, ich habe erst vor zwei Jahren diese Stelle bekommen. Wenn ich jetzt so lange ausfalle, schmeißen die mich raus. Ich brauch den Job!" Ich lege meine Hand auf seine Schulter:

„Keine Sorge, Herr Uhlenbrock, ich stelle Ihnen dann jetzt eine Notfallüberweisung aus. Das sind Termine, die bei der Terminservicestelle extra als Notfalltermine frei-gehalten werden. Die garantieren einen Termin binnen sechs Wochen. Es kann allerdings sein, dass Sie dann einen Termin in einer neurologischen Praxis im Ruhrgebiert bekommen, also in einem Radius von bis zu 30 km Ent-fernung. Sie rufen nicht mehr in der Praxis des Neuro-logen an, sondern die Nummer 116117. Dort werden Sie nach einem Überweisungscode gefragt. Das ist die Buch-staben-Zahlen-Kombination, die auf der Überweisung steht. Vielleicht haben Sie auch Glück und bekommen einen Termin vor Ort. Jede Arztpraxis muss diese Notfall-termine an die Kassenärztliche Vereinigung (KV) melden, und die Terminservicestelle hat darauf Zugriff. Wir werden sehen." Ich verlängere die Arbeitsunfähigkeit um weitere 14 Tage.

In der Zwischenzeit bekomme ich eine Anfrage der Krankenkasse, das Formblatt trägt den hübschen Namen „Muster 52". Man fragt mich, warum der Patient so lange ausfällt, was das Behandlungskonzept sei und was man tun könne, um die Arbeitsfähigkeit wiederherzustellen. Ich fülle das Formular aus mit dem Hinweis, dass wir auf die Nervenleitgeschwindigkeitsmessung warten, um den Patienten damit beim Handchirurgen vorzustellen. Diese Untersuchung ist für die OP schließlich Voraus-setzung. Das „Muster 52" geht in die Post zur Kranken-kasse. Gleichzeitig soll ich alle Unterlagen, die mir zum Krankheitsfall vorliegen, zum Medizinischen Dienst der Krankenversicherungen (MD) schicken. Das sind nicht viele, denn wir warten ja immer noch auf die notwendige Diagnostik. Also fülle ich das Formblatt des MD mit den entsprechenden Informationen aus und gebe es in die Post.

Was bedeutet eigentlich MD?

Der Medizinische Dienst der Krankenversicherungen ist die zentrale Begutachtungsstelle für alle medizinischen und pflegerischen Fragen. Sie prüft Qualität und Behandlungskonzepte bei langen Arbeitsunfähigkeitszeiten und gibt Empfehlungen an die Krankenkasse. Der MD wird durch die Krankenkassen finanziert. Seit 2019 ist der Medizinische Dienst von den Krankenversicherungen losgelöst und wird nur noch mit MD abgekürzt.

Noch mal zwei Wochen später. Ein sichtlich angeschlagener Werner Uhlenbrock sitzt vor mir. Den Termin beim Neurologen hat er bekommen: vor Ort in vier Wochen. „Frau Doktor, mein Chef sitzt mir im Nacken, er will wissen, wann ich wieder arbeiten kann. Mit meiner Hand kann ich aber immer noch keinen Schraubendreher halten, zumindest nicht, wie ich es auf der Arbeit benötige. Es ist ja nix gemacht, ich warte, und es passiert nix! Ich bin seit sechs Wochen raus und keinen Schritt weiter!"

Ich kann seine Enttäuschung und Sorge verstehen. Ab jetzt bekommt Herr Uhlenbrock lediglich Krankengeld, und da er auch vorher schon kein Großverdiener war, plagen ihn nun auch noch Geldsorgen. „Ich rufe bei den Neurologen mal an, vielleicht kann ich was erreichen", sage ich dem Patienten zu. Sichtlich geknickt verlässt Herr Uhlenbrock mit einer weiteren AU über vier Wochen die Praxis.

Gott sei Dank haben wir von der neurologischen Praxis eine „Kollegennummer", sonst wäre es kaum machbar, mein Versprechen einzulösen – denn Zeit, um mich in Telefonwarteschleifen zu hängen, habe ich tatsächlich nicht. Ich erreiche eine MFA in der Praxis, schildere den Fall und mein Anliegen und frage nach einem früheren Termin für meinen Patienten. „Nein, das ist auf keinen Fall möglich. Herr Uhlenbrock hat ja schon einen

Notfalltermin, in der normalen Terminvergabe sind wir schon acht Monate weiter", ist die Auskunft der Sprechstundenhilfe. Das kann alles nicht wahr sein, denke ich.

„Herr Uhlenbrock, wir müssen weiter warten, ich habe nichts erreicht. Es tut mir leid. Wir sehen uns nach Ihrem Termin beim Neurologen in vier Wochen", teile ich dem Patienten telefonisch mit. Seine Enttäuschung ist spürbar – genau wie seine Existenzangst, die ich ihm leider nicht nehmen kann.

Nach weiteren vier Wochen sehe ich den Patienten wieder, jetzt in Jogginghose und T-Shirt. Kein gutes Zeichen, die lange AU-Zeit hat seinen Tagesrhythmus zerstört. Sichtlich angegriffen schildert er: „Ich war also beim Neurologen. Er hält dieses KTS, was Sie auch schon gesagt haben, für wahrscheinlich und hat mir einen Termin für die Nervenmessung in sechs Wochen gegeben. Ich weiß nicht, wie ich das meinem Chef erklären soll." Ich kann seit Wochen sehen und miterleben, wie mir der Patient entgleitet. Ich fühle mich genauso hilflos wie er und versuche, sowohl ihm als auch mir weiter Hoffnung zu machen: „Ich rufe den Neurologen noch mal an, jetzt hat er Sie ja gesehen, und vielleicht kann ich einen schnelleren Termin zur Messung für Sie herausholen." Ich ärgere mich über mich selbst: AU für vier Wochen aufzuschreiben war meinerseits eine Schnapsidee. Denn ich habe meinen Patienten vier Wochen lang nicht gesehen, und jetzt erlebe ich ihn in depressiver Stimmung, was kaum verwunderlich ist. Dieses Mal bekommt er eine AU für lediglich zwei Wochen mit der Zusage, dass ich mich melde, wenn ich mit dem Neurologen gesprochen habe.

Das aktuelle Fazit: Drei Monate Arbeitsunfähigkeit wegen eines eher gewöhnlichen Karpaltunnelsyndroms, das bis dato immer noch nicht neurologisch gesichert und schon gar nicht operiert ist. Das kann doch nicht wahr sein! Ich rufe wieder die Kollegenhotline der örtlichen neurologischen Praxis an, schildere erneut den bekannten Fall und frage nach einem früheren Termin zur NLG-Messung. „Tut mir leid, die Termine sind total dicht, und ich müsste anderen Patienten absagen. Das geht natürlich nicht", höre ich die Auskunft von der anderen Seite der Leitung. Ob ich mit dem Kollegen sprechen könne oder ob er mich zurückrufen kann? „Der Arzt ist jetzt im Patientengespräch, aber er meldet sich dann bei Ihnen, wir haben ja Ihre Durchwahl." Zwei Stunden später ruft mich der Neurologe endlich zurück, ich schildere ihm den Fall und mein Anliegen, bitte ihn um eine frühere Messung. „Frau Kollegin, ein KTS ist wahrlich kein Notfall und nicht dringend, wir sind wirklich total ausgebucht, und wie meine Mitarbeiterin bereits geschildert hat, müssten wir einem anderen Patienten absagen, und das tun wir nicht."

Ich resigniere. Medizinisch hat der Kollege sicherlich recht, dass ein KTS kein neurologischer Notfall ist – aber Herr Uhlenbrock ist für mich aufgrund seiner realen Existenzangst eben doch ein Notfall. Ich kann zwar verstehen, dass der fachärztliche Kollege bei der Masse an Patienten nach medizinischen Kriterien beurteilen muss – trotzdem meine ich, dass drei Monate AU für eine KTS-Diagnostik einfach nicht akzeptabel sind. Telefonisch informiere ich Herrn Uhlenbrock über mein Scheitern. Völlig resigniert antwortet er: „Ich habe nichts anderes erwartet. Frau Dalhaus, wir sehen uns nächste Woche, damit Sie meinen gelben Schein verlängern."

Er ist bei Jogginghose und T-Shirt geblieben. „Wie geht es Ihnen?", frage ich vorsichtig beim nächsten Termin. „Wie soll es mir gehen? Ich sitze rum, habe morgens wenig Gründe, das Bett zu verlassen, und schaue Schrott im Fernsehen." Ich weiß, dass sich seine Frau und er vor Jahren getrennt haben, sodass leider niemand da ist, der

Herrn Uhlenbrock eine Art Alltagsstruktur bietet. Und auf die Frage, ob sich sein Chef noch mal bei ihm gemeldet habe, sehe ich beinahe Tränen in seinen Augen: „Nein, und das ist wohl kein gutes Zeichen." Themenwechsel: „Sie haben in vier Wochen den Termin zur Nervenmessung. Dann holen Sie sich bitte jetzt schon mal den Termin in der Sprechstunde bei den Handchirurgen. Wenn die Sekretärin Sie nach einer Facharztüberweisung fragt, dann sagen Sie bitte, dass das KIS aufgrund der Regeln zum ambulanten Operieren keine Facharztüberweisung braucht, sondern eine direkte Hausarztzuweisung ausreicht. Wenn es Probleme gibt, melden Sie sich bitte, dann rufe ich dort an. Kann ich sonst noch irgendetwas für Sie tun?" „Beten, dass ich nicht gekündigt werde", sagt Herr Uhlenbrock, steht auf, nimmt seine AU für die nächsten zwei Wochen und verlässt grußlos, mit hängenden Schultern und schlurfendem Gang das Sprechzimmer.

Wieder vierzehn Tage später. Wortkarg sitzt Herr Uhlenbrock vor mir. Immerhin wieder in einer Jeans. „Wie sieht's bei Ihnen aus? Kriegen Sie Ihren Alltag hin?", frage ich direkt. „Es ist, wie es ist, muss ja irgendwie weitergehen", äußert mein Patient seine westfälisch-pragmatische Haltung. Damit scheint alles gesagt. Ob der Termin in der Handchirurgie geklappt hat, will ich wissen. „Ja, in vier Wochen, in zwei Wochen ist ja der Termin zur Messung. Können Sie die AU nicht für vier Wochen ausstellen? In der Zwischenzeit passiert ja eh nix." Und ob sich die Kasse eigentlich mal bei ihm gemeldet habe? „Ja, aber die können auch nichts beschleunigen. Ich habe denen gesagt, wie es ist. Da hilft auch keine Reha, die die mir erst andrehen wollten, bis die verstanden haben, was das Problem ist." Ich stelle meinem Patienten die AU für vier Wochen aus und verabschiede ihn mit dem Hinweis, dass wir uns nach dem Termin beim Handchirurgen sehen.

Bei mir flattert eine erneute Nachfrage der Kasse nach einem Muster 52 ins Haus, ebenso werden erneut Unterlagen für den MD angefordert – ich beantworte alles identisch zur Erstanfrage – und das nach 18 Wochen Arbeitsunfähigkeit. Nach vier Wochen teilt mir Herr Uhlenbrock in der Sprechstunde mit, dass er für die kommende Woche einen Termin zur ambulanten KTS-OP habe.

Nach dem Eingriff stellt sich Herr Uhlenbrock zur Wundkontrolle vor. Vor mir sitzt ein gebrochener Mann; er hat in der Zwischenzeit die schriftliche Kündigung seines Arbeitgebers erhalten. Ich bin sprachlos und frage, ob man dagegen vorgehen könne. „Aus meiner Sicht nicht, und dafür habe ich auch gar keine Kraft. Immerhin ist die OP gut verlaufen, jedoch der Nerv stark geschädigt. Der Chirurg kann nicht garantieren, dass alle Beschwerden vollständig verschwinden." Ich sehe dem Patienten an, dass dies zurzeit seine geringsten Sorgen sind. Das ist echt nicht fair, denke ich. Und irgendwie hatte er es schon geahnt, als er die langen Ausfallzeiten überblicken konnte. Herr Uhlenbrock tut mir leid – und ich weiß nicht, wie wir es hätten verhindern können. Von der Erstvorstellung bei mir mit Ausstellung der Arbeitsunfähigkeit bis zur letzten Wundkontrolle in meiner Praxis sind sechs Monate vergangen. Ein halbes Jahr Arbeitsunfähigkeit wegen einer „Kleinigkeit", die sich mit einer ambulanten OP gut behandeln lässt. Dieses halbe Jahr in der Warteschleife unseres Gesundheitssystems hat Herrn Uhlenbrock den Job gekostet. Fakt ist und bleibt: Wenn die Untersuchungen und die OP kurzfristig verfügbar gewesen wären, hätten drei bis vier Wochen Arbeitsunfähigkeit ausgereicht.

» Mein Kommentar: Aus persönlicher Perspektive tragisch, aus volkswirtschaftlicher Sicht dramatisch!

Lange Wartezeiten bis zur Diagnostik und Therapie: Jenseits der medizinischen Dimension hat das für Patienten viel weitreichendere Konsequenzen – und das berücksichtigt unser System nicht. Wie in anderen Ländern auch, wird Krankheit so zum größten Risikofaktor für Arbeitslosigkeit, sozialen Abstieg und Armut.

In mir hallt noch der Satz des neurologischen Kollegen nach: „Ein KTS ist kein Notfall." Offensichtlich nicht – aber was ist in der ambulanten Versorgung schon ein echter Notfall? Aus meiner Sicht sind bestimmte Konstellationen als dringlich zu bezeichnen. Und wenn eine Krankheit zu einer Arbeitsunfähigkeit führt, ist es eben nicht egal, ob ich mehrere Wochen oder sogar Monate auf eine Untersuchung warten muss oder nicht.

Es ist absurd, dass wir uns in Deutschland eine doppelte Facharztstruktur leisten – im ambulanten Bereich und in der stationären Versorgung – und die Patienten trotzdem Monate auf notwendige Untersuchungen warten müssen. Ich glaube mitnichten, dass das Gerät zur NLG-Messung in der ambulanten Praxis und im Krankenhaus komplett ausgebucht ist. Das Krankenhaus ist einerseits nicht berechtigt, eine Untersuchung durchzuführen, die vom ambulanten Sektor erbracht werden kann, und der niedergelassene fachärztliche Kollege hat andererseits keine Zeit. Hier muss die Politik nach meinem Dafürhalten dringend pragmatische Lösungen finden. Es kann nicht im Interesse von Politik und Gesellschaft sein, dass Menschen auf diese Weise ihren Job verlieren und in die Arbeitslosigkeit rutschen. Das ist aus der persönlichen Perspektive tragisch, aber eben auch aus volkswirtschaftlicher Sicht dramatisch.

Bei mir wirft der Fall von Herrn Uhlenbrock zwingende Fragen zu den Rahmenbedingungen und Machbarkeiten, sogar grundsätzlich zum System der niedergelassenen Fachärzte auf. Die kostspielige doppelte Facharztstruktur im Gesundheitswesen unseres Landes muss doch in der Lage sein, notwendige Untersuchungen in einem akzeptablen Zeitrahmen anzubieten. Und wenn der Kreis der niedergelassenen Fachärzte das nicht stemmen kann, muss dieser Kreis vergrößert werden oder der stationäre Sektor einspringen und diese Untersuchungen übernehmen. Das ist aber bisher weder möglich noch vorgesehen. Die Erfahrungen in meinem Praxisalltag zeigen, dass die gleiche Problemstellung für viele Untersuchungen existiert: Magenspiegelung, Rheumadiagnostik oder Untersuchungen zum Schlafapnoesyndrom. Hier besteht dringender Handlungsbedarf!

》 Mein Kommentar: Die Grenzen zwischen Leistungen des ambulanten und des stationären Sektors müssen dringend überwunden werden.

Fall 2: „Schreiben Sie das doch einfach auf!"

Rainer Holtmann hatte einfach Pech. Die Kategorie „Pech" trifft in der Medizin häufig zu: Warum bekommt ein Mensch eine Blinddarmentzündung und der andere nicht? Warum entwickelt sich der Insektenstich bei Patient A nach zwei Tagen zurück und fliegt Patient B buchstäblich um die Ohren? Rainer Holtmann war eindeutig ein Patient B.

Im Urlaub hatte ihn irgendein Tier in den Oberschenkel gestochen. Den Stich hatte er zwar mit einer freiverkäuflichen Salbe aus der Apotheke behandelt, trotzdem kam es zu einer massiven Entzündung. Nach seiner Rückkehr musste schließlich ein großer Abszess am streckseitigen Oberschenkel operativ entlastet und saniert werden. Es folgte eine offene Wundbehandlung mit täglichen Wundspülungen mit Kochsalz, zunächst noch im Krankenhaus. Diese Handgriffe sollten nach seiner Entlassung dann täglich zu Hause fortgeführt werden. Herr Holtmann ist ein Pragmatiker, den so schnell nichts aus der Bahn wirft. Eine offene Wundbehandlung mit einem zehn Zentimeter großen Loch in seinem rechten Oberschenkel bringt diesen Mann nicht aus der Fassung. Dafür extra einen Pflegedienst mit Wundmanager einschalten? Auf keinen Fall. Selbst ist der Mann. Und als Vollbluthandwerker kümmert er sich sowieso um jedes Anliegen selbst. Daher wunderte es mich nicht, dass ich nach seiner Krankenhausentlassung lediglich den Arztbrief vorgelegt bekam mit der Bitte, notwendiges Material für die Wundbehandlung zu rezeptieren.

Doch an dieser Stelle wurde es schwierig: Für die Spülung benötigte Herr Holtmann definitiv Kanülen und Spritzen. Sowohl unsere Medizinische Fachangestellte (MFA) als auch mein Kollege und ich waren der Meinung, dass diese Materialien nicht als Kassenleistung rezeptiert werden können. Eine MFA rief sicherheitshalber bei der Kassenärztlichen Vereinigung (KV) an und erkundigte sich. Die hilfsbereite KV-Mitarbeiterin bestätigte unsere Vermutung, sah aber gleichzeitig ein, dass der Patient diese Utensilien zwingend benötigte, und empfahl, ein Kassenrezept auszustellen mit dem Zusatz „nach Genehmigung durch die Krankenkasse".

Dieses Vorgehen führte zu erheblichem Ärger in der Apotheke, sodass jenes Rezept erneut auf meinem Schreibtisch landete – mit der Bitte um Klärung. Ich rief also die Krankenversicherung von Herrn Holtmann an, die Barmer. Die Barmer gehört zu den Kassen, die wie viele andere eine zentrale 0800er-Nummer geschaltet hat, sodass ich mich wie alle anderen Anrufer auch in die Telefonwarteschleife hängen musste. Als ich endlich dran war und den vorliegenden Fall geschildert hatte, erklärte mir die Dame am Telefon, dass es doch gar kein Problem sei, diese Sachkosten zu rezeptieren. Ich stockte. „Gute Frau, wir bewegen uns im Rahmen der gesetzlichen Krankenkassen. Das heißt, wir sind an den EBM gebunden. Und Sachkosten bildet der EBM nicht ab. Wir sind ja nicht in der GOÄ bei Privatpatienten."

Was bedeuten EBM und GOÄ?

Hinter der Abkürzung EBM steht der sogenannte einheitliche Bewertungsmaßstab. Dieser bildet die Grundlage aller ärztlichen Leistungen der gesetzlichen Krankenversicherung (GKV). Was also nicht im EBM verankert ist, kann nicht zu Lasten der GKV verordnet werden. Sachkosten wie Spritzen, Kanülen oder auch Wunddesinfektionsmittel sind nicht im EBM aufgeführt, können also nicht zu Lasten der GKV auf einem Kassenrezept verordnet werden.

Dafür erhält jede Praxis einen sogenannten Sprechstundenbedarf (SSB). Dieser wird durch die Kassenärztlichen Vereinigungen (KV) der Länder festgelegt. In meinem Fall, also mit einer Hausarztpraxis in Westfalen-Lippe, reiche ich quartalsweise Rezepte mit Materialien, die für die unmittelbare Patientenversorgung notwendig sind, bei der AOK ein. Dazu gehören Spritzen, Kanülen, Kompressen, Pflaster, Wunddesinfektionsmittel, lokale Betäubungsmittel, Nahtmaterial und Ähnliches.

Für den Bereich der privaten Krankenversicherung gilt die Gebührenordnung für Ärzte (GOÄ). In der GOÄ werden Sachkosten abgebildet. Hier ist die Rezeptierung der genannten Materialien kein Problem. Das heißt, wenn ein Privatpatient etwas Derartiges benötigt, rezeptiere ich es.

Nachvollziehbar wird dieses System am einfachsten am Beispiel der Impfung gegen Gürtelrose, die regelmäßig in aller Munde ist. Der Kassenpatient vereinbart einen Termin und kommt zur Impfung. Das pharmazeutische Mittel liegt bei uns im Kühlschrank – bestellt und bezahlt über den Sprechstundenbedarf. Anders verhält es sich, wenn ein Privatpatient anruft und um eine Impfung gegen Gürtelrose bittet. In dem Fall rezeptieren wir das Präparat, der Privatpatient holt das Rezept ab, bestellt und bezahlt den Impfstoff in der Apotheke und bringt ihn zum Impftermin mit in die Praxis. Anschließend reicht er den Nachweis über die Kosten bei seiner privaten Krankenkasse ein, die diese dann erstattet.

Sichtlich irritiert verweist mich die Barmer-Mitarbeiterin an die „Fachabteilung". Das ist sinnvoll, wobei ich mich schon wundere, dass die Dame einfach mal „eine Info raushaut", obwohl sie offensichtlich keine Ahnung hat. Ich schildere einer weiteren Barmer-Mitarbeiterin das Problem und mein Anliegen. Ihr Vorschlag: Das sei doch ganz einfach, ich solle dem Patienten die Sachen einfach aus meinem Praxisbestand mitgeben. Ich frage nach: „Sie meinen, ich solle dem Patienten für die nächsten vier Wochen 30 Kanülen und Spritzen aus meinem Praxisbedarf mitgeben?"

Praxisbedarf und Sprechstundenbedarf

Der Praxisbedarf umfasst den täglichen Verbrauchsbedarf und muss von mir als Hausärztin „privat" bezahlt werden. Ein Beispiel: Die Impfung gegen Gürtelrose wird in einem kleinen Fläschchen geliefert. Die Impfung selbst bestelle ich als Sprechstundenbedarf (SSB) für meine gesetzlich versicherten Patienten mittels Rezept bei der AOK. Für die Impfung eines Patienten benötige ich dann aber Desinfektionsmittel, Kanüle und Spritze. Dies fällt unter den sogenannten Praxisbedarf und wird von mir „privat" bei einem Händler für Medizinbedarf eingekauft.

Wichtig zu wissen: Der Sprechstundenbedarf ist kein Topf, aus dem man sich als Praxis endlos bedienen kann. Bestellt man im Vergleich zu seinen Fachkollegen zu viele Pflaster, Kompressen etc., droht eine sogenannte Wirtschaftlichkeitsprüfung zum Sprechstundenbedarf, mit anderen Worten: ein Regress. Da ich in meinem ersten Leben als Chirurgin tätig war und über den Facharzttitel für Allgemeinchirurgie verfüge, werden in unserer Praxis sehr viele Patienten mit chronischen Wunden und in der postoperativen Nachsorge behandelt. Daher verbrauchen wir im Vergleich zu anderen Hausarztpraxen viele Kompressen etc. und sehen uns seit 2017 jährlich einem Regress für zu viel verbrauchten Sprechstundenbedarf gegenüber. Verantwortliche Stelle ist die Gemeinsame Prüfeinrichtung der Ärzte und Krankenkassen, über deren jährliche Post wir uns immer ganz besonders freuen.

Die Barmer-Mitarbeiterin bestätigt: „Sie können das doch als Sprechstundenbedarf rezeptieren." Der Fortgang des Gespräches lässt sich am besten in Dialogform wiedergeben:

ICH: „Moment, seit 2017 bekomme ich Regresse wegen zu viel verbrauchter Materialien, die also über dem festgesetzten Sprechstundenbedarf liegen, und ich werde jährlich von der Gemeinsamen Prüfeinrichtung genau darauf hingewiesen. Die stellen mich hin, als ob ich einen privaten Handel mit Pflastern und Kompressen aufgemacht hätte. Und Sie sagen mir jetzt, ich solle einfach ein Rezept über den Sprechstundenbedarf herausgeben?"

BARMER: „Ja, genau."

ICH: „Können Sie mir das schriftlich geben, damit ich mich darauf berufen kann?"

BARMER: „Nein, das geht auf keinen Fall. Wir können nichts schriftlich herausgeben."

ICH: „Sie wissen schon, dass es darauf hinausläuft, dass ich das Material privat bezahle?"

Schweigen am anderen Ende der Telefonleitung. Etwas anderes könne Sie mir nicht sagen.

Mein Fazit aus dem Gespräch: Die Sozialversicherungsfachangestellte gibt eine Information an mich als Hausärztin heraus, auf die ich mich aber auf keinen Fall berufen darf. Meine Einschätzung: Sicheres Auftreten bei völliger Ahnungslosigkeit. Sie ahnen es: Die Barmer und ich sind an dem Tag nicht zusammengekommen.

» Mein Kommentar: Jeder Euro kann nur einmal ausgegeben werden!

Ich finde es schwierig, den Patienten komplett im Regen stehen zu lassen und ihm einfach ein Privatrezept auszustellen mit dem Hinweis: „Anders geht es nicht", denn schließlich werden diese Materialien zwingend für die Wundversorgung benötigt.

Die Aussage, die der Großteil aller Patienten am Entlasstag aus dem Krankenhaus hört, lautet: „Gehen Sie damit zum Hausarzt, der kümmert sich darum." Tatsächlich läuft das jedoch fast ins Leere. Ich musste Herrn Holtmann derweil an die örtliche chirurgische Facharztpraxis verweisen und ihn bitten, sein Anliegen dort vorzutragen – in der Hoffnung, dass die Kollegen ihren Sprechstundenbedarf nicht so ausschöpfen wie ich.

Dass die Vorstellung von Herrn Holtmann beim Facharzt wieder Zeit und Geld kostet, berücksichtigt das

System nicht. Ich wundere mich schon sehr, dass die Barmer homöopathische Arzneimittel im Rahmen von Selektivverträgen bezahlt, aber in einem Fall wie dem von Herrn Holtmann nicht in der Lage ist, eine Kostenzusage für offensichtlich dringend benötigtes Wundmaterial zu übernehmen. Ich frage mich, ob denn bei den Krankenkassen keiner da ist, der überblickt, dass jeder Euro, der beim Heilpraktiker, im Krankenhaus, beim Facharzt oder bei mir in der Hausarztpraxis anfällt, aus demselben Topf bezahlt wird und nur einmal ausgegeben werden kann. Dann müsste es doch im Interesse der Kassen sein, Doppeluntersuchungen und Arzthopping zu vermeiden, da das nun wirklich hinausgeschmissenes Geld ist. Aber zumindest die Sozialversicherungsfachangestellte, mit der ich telefoniert habe, wollte nicht oder war nicht in der Lage, zu erkennen, dass ihr Vorgehen in diesem Fall nur weitere Kosten beim Facharzt verursacht. Fakt ist: Die Vorstellung des Patienten beim Facharzt kommt die Barmer teurer, als wenn sie einfach die Kosten für Kanülen und Spritzen übernommen hätte. Aber ein derartiger Pragmatismus ist und bleibt wohl eine Wunschvorstellung meinerseits.

Fall 3: „Hallo! Kann mal jemand nach ihr sehen?"

Ältere Menschen stürzen. Das lässt sich im Laufe eines Lebens fast nicht verhindern. Und fast immer ist ein Sturz eines älteren Menschen der Beginn einer massiven Verschlechterung seines Allgemeinzustands. Familien berichten eigentlich immer in identischer Art und Weise: „Seit dem Sturz ist Oma buchstäblich nicht mehr auf die Beine gekommen. Der Krankenhausaufenthalt hat die

Kognition nachhaltig geschwächt, und sie kommt nicht mehr alleine zurecht."

Die Alterstraumatologie ist daher weniger eine unfall-chirurgisch-operative Herausforderung, vielmehr geht es um das postoperative Management mit Blick auf Lungen-entzündungen und delirante Zustände.

Die 75-jährige Elsbeth Lohne hatte sich wie viele ältere Menschen bei einem Sturz eine Oberschenkel-halsfraktur zugezogen. Schon vor dem Sturz war eine dementielle Entwicklung offenkundig. Außerdem bestand die Lungenerkrankung COPD. Der Ehemann, selbst ärzt-licher Kollege und 80 Jahre alt, wusste um die Risiken, die Operation und Krankenhausaufenthalt mit sich brachten, und machte die Kollegen in der Notaufnahme und auf der Station darauf aufmerksam. Frau Lohne erhielt eine sogenannte Duokopfprothese und litt erwartungsgemäß nach der OP unter massiven Verwirrtheitszuständen. Damit waren die Kollegen auf der Station enorm über fordert. Um der Situation irgendwie Herr zu werden, ver-brachte der Ehemann die gesamten Tage von morgens bis abends im Krankenhaus. Mehrfach bat er um ein neuro-logisch-psychiatrisches Konsil. Einen ärztlichen Ansprech-partner fand er nicht.

Schließlich entwickelte Frau Lohne einen massiven Husten und Fieber. Herr Lohne machte das Stations-personal darauf aufmerksam: „Kann bitte mal jemand nach meiner Frau sehen und den zuständigen Arzt informieren?", rief der besorgte Ehegatte über den Flur. Es geschah – nichts. Bevor er spät abends nach Hause ging, insistierte Herr Lohne erneut, der diensthabende Kollege müsse sich unbedingt seine Frau anschauen und sich um die Lunge kümmern. Zwei weitere Tage vergingen, ohne dass entsprechende Maßnahmen ergriffen wurden. Schließlich stellte Herr Lohne, als er morgens um neun

Uhr das Zimmer der Patientin betrat, blaue Lippen bei seiner Frau fest. Er schlug Alarm. Endlich wurde reagiert.

Frau Lohne wurde auf die Intensivstation verbracht und intubiert – als logische Folge einer über mehrere Tage unbehandelten Lungenentzündung. Nachdem das Ausmaß der Fehl- und Unterversorgung bis auf die Chefarztebene gelangt war, wurden nun endlich alle Hebel in Bewegung gesetzt, um ein Versterben der Patientin zu verhindern.

Auf Initiative des Ehemanns und nachdem die Patientin transportfähig war, wurde Frau Lohne zur weiteren Behandlung in eine Lungenfachklinik verlegt. Die lange stationäre und intensivmedizinische Behandlung hatte eine erhebliche Verschlechterung der Demenz zur Folge, sodass eine geschützt-geschlossene Unterbringung in einer Psychiatrie notwendig wurde.

In die Behandlung von Frau Lohne war ich als Hausärztin zwar nicht involviert, jedoch erfolgten wöchentlich diverse Gespräche mit Herrn Lohne, der mir fassungslos die Umstände der Behandlung seiner Frau im Krankenhaus schilderte. Ich kümmerte mich um die Unterbringung in der Psychiatrie und holte Rat bei der zuständigen Amtsrichterin ein, da eine Eigengefährdung die Unterbringung in einem offenen Pflegeheim unmöglich machte. Der Ehemann selbst führte, unterstützt von den Kindern, diverse Gespräche mit Chefärzten und Krankenhausleitung über den Behandlungsverlauf seiner Frau.

》 Mein Kommentar: Marktwirtschaftliche Konkurrenz in der Krankenversorgung führt bei den Marktverlierern zu einer inakzeptablen Patientenversorgung.

Dieser Verlauf steht exemplarisch für das, was passiert, wenn Politik den Abbau von Krankenhausbetten und Krankenhausschließungen fordert. Es ist ja nicht so, dass ein gut funktionierendes Haus auf einmal „dicht macht", weil die Landesregierung die Losung ausgegeben hat, Krankenhausbetten abzubauen. Die Gesundheitspolitik der vergangenen Jahre hat jedoch dazu geführt, dass Krankenhäuser rentabel wirtschaften müssen, um zu überleben. Hier hat sich ein Markt entwickelt, auf dem „schwache" Krankenhäuser im Rahmen eines gewollten Konkurrenzkampfes auf der Strecke bleiben. Was sich sehr marktwirtschaftlich anhört, führt in der Praxis der Patientenversorgung zu schicksalhaften Verläufen, wie es Frau Lohne und ihre Familie erleben mussten.

Marktwirtschaftliche Konkurrenz funktioniert einwandfrei, wenn Autos oder Bohrmaschinen verkauft werden: Das schlechteste Produkt am Markt verschwindet. Marktwirtschaftliche Konkurrenz in der Krankenversorgung hingegen führt bei den Marktverlierern zu einer inakzeptablen Patientenversorgung, die Patienten gefährdet, statt ihnen zu helfen. Das halte ich für nicht vertretbar und sogar unethisch!

Nun werden Kritiker möglicherweise anführen, dass es sich bei dem geschilderten Fall um das Versagen einzelner Personen handelt. Dem halte ich Folgendes entgegen: Solche vermeintlichen Einzelfälle sind tägliche Realität in Krankenhäusern außerhalb großer Ballungszentren. Diese Krankenhäuser leiden unter Personalnot, sowohl in quantitativer als auch in qualitativer Hinsicht. Denn die Ausbildung von ärztlichen und pflegerischen Fachkräften kostet Zeit und Geld, worüber diese Häuser eben nicht mehr verfügen. Und diese Häuser werden schnell ins Abseits manövriert, denn für die lukrativen Elektivbehandlungen (also solche, die in Ruhe von allen Seiten geplant werden können wie beispielsweise ein neues Kniegelenk) favorisieren die Patienten große Zentren, die über ein entsprechendes Knowhow und technisch modernste Ausstattung verfügen. In einer Notfallsituation hingegen muss jeder mit dem nächstgelegenen Krankenhaus um die Ecke vorliebnehmen. Und diesem Haus bleibt dann nur die wenig lukrative Akutversorgung, die die hohen Kosten nicht decken kann. Notaufnahme und Notfallversorgung sind ein Minusgeschäft. Auf diese Weise gelangt das örtliche Krankenhaus in eine Abwärtsspirale, durch die Patientenleben – wie geschildert – massiv gefährdet werden.

Auch hier ist meines Erachtens die Politik dringend gefragt: Die Idee, dass nur konkurrenzfähige Krankenhäuser überleben sollen, birgt in der praktischen Umsetzung ein hohes Risiko in sich, denn letztendlich werden dabei Patientenleben ganz bewusst und nicht nur in Ausnahmefällen aufs Spiel gesetzt. Wer eine angemessene Basis- und Akutversorgung wohnortnah gewährleisten will, muss diese Akutversorgung finanziell absichern. Es ist aberwitzig, dass Krankenhäuser Gewinne erzielen müssen, um diesem Auftrag nachzukommen. Es verlangt doch auch keiner von Feuerwehr und Polizei, dass sie ihr eigenes „Überleben am Markt" sichern. Man stelle sich mal vor, die örtliche Feuerwehr würde geschlossen, da nicht ausreichend Einsätze gefahren wurden – eine völlig abwegige Idee. Doch im Alltag eines Krankenhauses ist genau das die gnadenlose Realität!

Fall 4: „Es bestand keine Indikation zur stationären Aufnahme"

Der 82-jährige Heinrich Walter wartet im Rahmen unserer Notfallsprechstunde in Raum 5 auf mich. Herr Walter ist mir sehr vertraut. Er kämpft mit vielen

Beschwerden, die von 82 Lebensjahren zeugen: Verschleißerscheinungen in Rücken, Knie, Hüfte und die damit verbundenen Gehbeschwerden und Schmerzen bestimmen seinen Alltag. Er lebt allein, und jeder Tag ist für Herrn Walter eine kleine Herausforderung. Schon seit Jahren läuft er mehr schlecht als recht an einem Gehstock, konnte sich bisher aber nicht zu einem Rollator durchringen. Nachdem er stationär im örtlichen Krankenhaus war, wird er nun bei mir vorstellig. Am Empfang hat er bereits den Entlassungsbrief abgegeben, daher weiß ich, dass eine sogenannte Urosepsis der Grund für die stationäre Behandlung war – also eine verschleppte Blasenentzündung. Etwas irritiert bin ich im ersten Moment darüber, dass der Briefkopf von der neurologischen Abteilung stammt.

Die Umstände werden mir aus dem Gespräch schnell klar: „Frau Doktor, ich habe mal wieder was hinter mich gebracht, und irgendwie weiß ich auch gar nicht, was los gewesen ist", beginnt der noch sichtlich mitgenommene Herr Walter seinen Bericht. „Also im Brief steht, dass Sie einen verschleppten Harnwegsinfekt hatten, der antibiotisch behandelt wurde. Aber erzählen Sie doch von Anfang an", ermuntere ich meinen Patienten, die Abläufe aus seiner Perspektive zu schildern. „Ich war ja schon letzte Woche am Freitagabend um zehn Uhr in der Notaufnahme, weil ich vor Bauchschmerzen nicht mehr wusste, was ich machen soll. Die wollten mich aber nicht aufnehmen. Moment, davon habe ich auch einen Brief." Herr Walter wühlt in einer Stofftasche, kramt einen weiteren Arztbrief hervor und drückt ihn mir in die Hand. In dem Schreiben der Notaufnahme von Freitagabend wird dargelegt, dass sich Herr Walter Freitagabend mit Bauchschmerzen in der Notaufnahme vorgestellt hat. Nach einigen Untersuchungen komme man jedoch zum Schluss, dass „keine Indikation für eine stationäre

Aufnahme" bestehe. Die Laborwerte von Freitagabend 22.30 Uhr bestätigen jedoch erhöhte Entzündungswerte mit einer sogenannten Leukozytose, die meistens Ausdruck einer Infektion beziehungsweise einer entzündlichen Erkrankung ist. Ich bin verwundert: „Und wie ging's dann weiter?", frage ich, innerlich schon wütend werdend, dass man einen 82-jährigen alleinstehenden Mann mit Bauchschmerzen und Entzündungswerten freitagabends um 23 Uhr wieder nach Hause schickt. Herr Walter schildert seine Situation: „Die Nacht war furchtbar. Ich hatte ja immer noch diese schrecklichen Bauchschmerzen. Also bin ich am Samstagmorgen wieder hin zur Notaufnahme. Dann haben die mich Gott sei Dank aufgenommen." Ich resümiere: Freitagabend um 22.30 Uhr bestand bei Bauchschmerzen und Leukozytose keine Indikation zur stationären Aufnahme, der Brief am Samstagmorgen beschreibt die Diagnose einer Urosepsis, also einer Entzündung, die von den Harnwegen schon auf das Blut übergegriffen hat. Mal wieder verstehe ich die medizinische Welt nicht mehr.

» Mein Kommentar: Notfallversorgung ist im heutigen Gesundheitsmarkt kein lukratives Geschäft.

Das, was Herr Walter erlebt hat, ist leider trauriger Alltag in unserem Gesundheitssystem. Selbst Patienten, die wir als Hausärzte in ein Krankenhaus einweisen, werden nicht aufgenommen, sondern abgelehnt. Für mich sind das Fälle von unterlassener Hilfeleistung. Krankenhäuser monieren zu Recht, dass viele Patienten in ihrem Sektor landen, da die ambulante fachärztliche Versorgung schon an ihre

Grenzen gestoßen ist und Wartezeiten von mehreren Monaten bis hin zu einem Jahr zur Regel geworden sind. Aus Sicht der Krankenhäuser müssen sie diese Fehlentwicklung „ausbaden". Gleichzeitig sind Krankenhäuser dazu verdammt, Gewinne zu erzielen, um ihr Überleben zu sichern. Und Notfallversorgung ist im Gesundheitsmarkt kein lukratives Geschäft. Wirklich gewinnbringend sind planbare, technisch aufwendige Diagnostikuntersuchungen und Operationen. Notfälle sind hingegen nicht planbar, erfordern viel Personal, eine Verfügbarkeit rund um die Uhr und an jedem Tag der Woche; sie erbringen mit großer Wahrscheinlichkeit keine lukrativen Diagnosen.

Die Bezahlung der Krankenkassen beruht auf sogenannten Diagnosis Related Groups (DRG), also Diagnoseschlüsseln mit dem Gegenwert des abrechenbaren Honorars. Es gibt bestimmte Krankheiten, Diagnosen und Fachabteilungen, die ein hohes Honorar generieren, und solche, die aus Sicht eines Krankenhausträgers finanziell nicht lukrativ und daher wenig attraktiv sind. Lukrativ sind beispielsweise alle Untersuchungen aus dem Bereich der Kardiotechnik, also Herzschrittmacher und Herzkatheter-Untersuchungen. Hohe Erlöse werden ebenso erzielt im Bereich Wirbelsäulenchirurgie und Gelenkersatzverfahren wie Totalendoprothesen (TEP), das heißt der komplette Ersatz durch künstliche Materialien zum Beispiel bei Knie und Hüfte. Deutlich weniger attraktiv sind dagegen Gynäkologie, Geburtshilfe und Pädiatrie, geschweige denn Psychiatrie.

Und im Falle großer Konzerne, die sowohl in der ambulanten als auch in der stationären Patientenversorgung etabliert sind, gilt: Die gesamte „Wertschöpfungskette Patient" ist optimal abzugreifen: Das konzerneigene Medizinische Versorgungszentrum (MVZ) weist in das eigene Krankenhaus zur Operation ein und entlässt in die konzerneigene Rehaklinik. Voilà! Damit fließt jeder Euro, den die Krankenkasse im Rahmen einer ambulanten, stationären und rehabilitativen Behandlung bezahlt, in ein und dieselbe Tasche. Sie glauben, das sei Schwarzmalerei? Mitnichten: Der Transaktionsmonitor 2020/2021 der Wirtschaftsprüfungsgesellschaft PricewaterhouseCoopers (PwC, 2021) stellt fest, dass Investoren zunehmend an ambulanten Rehakliniken interessiert sind.

Dr. Christoph Scheuplein, wissenschaftlicher Mitarbeiter am Institut Arbeit und Technik der Westfälischen Hochschule Gelsenkirchen, hat einen Überblick über Private-Equity-geführte Praxis-Ketten in der vertragsärztlichen ambulanten Patientenversorgung in Bayern erstellt. Er kommt zu dem Schluss, dass ein signifikanter Teil der Medizinischen Versorgungszentren in Bayern bereits durch private Investoren übernommen wurde. Dabei resümiert er, dass aufgrund der komplexen Unternehmensstrukturen die Eigentümerstrukturen in großen Praxis-Ketten in einem hohen Maße als intransparent zu bewerten sind (Scheuplein, 2021). Die Medical Tribune schreibt dazu: 14 von 17 bayerischen Private-Equity-geführten Praxis-Ketten haben ihren Firmensitz in Steueroasen wie den Cayman Islands (Aulehla, 2022). Ob da noch objektive Beratung zu medizinischen Eingriffen und Operationen gewährleistet ist? Ein Schelm, wer Böses dabei denkt!

In diesem Dilemma und Spannungsfeld bewegen sich Krankenhäuser, die sich auf der einen Seite ihren Marktkonkurrenten stellen müssen, auf der anderen Seite aber als einzige Anlaufstelle eine Notfallversorgung vor Ort gewährleisten sollen. Aus meiner Sicht resultieren Verläufe wie die im Fall von Heinrich Walter aus einer absoluten Überforderung von Krankenhäusern, die gleichzeitig um ihr Überleben kämpfen.

Denn folgende Fragen wirft der Krankheitsverlauf von Herrn Walter auf:

- Hat der behandelnde Arzt in der Notaufnahme den Zusammenhang zwischen Bauchschmerzen und erhöhten Entzündungswerten nicht gesehen?
- Konnte das passieren, weil der Arzt entweder fachlich überfordert war oder weil er den Befund nicht gravierend fand?
- Oder wollte er mit Herrn Walter schlichtweg kein Bett belegen, weil sich das als nicht sehr lukrativ herausgestellt hätte?

Egal, auf welche Erklärung es hinausläuft – es macht mir ehrlich gesagt Angst. Ich kann nur inständig hoffen, dass der Kollege die Blutwerte aufgrund von struktureller und systembedingter Überforderung „im Chaos" übersehen hat. Zwar ist diese Erklärung sicherlich nicht beruhigend, wirft aber nicht so tiefgreifende Zweifel an der Qualität unserer Gesundheitsversorgung auf wie die anderen Erklärungs- und Deutungsversuche.

Glücklicherweise leben wir in einem freiheitlichen Staat – und das schlägt sich in gewisser Weise auch im Gesundheitswesen nieder. Das bedeutet: Jeder Mensch kann quer durch dieses Land fahren und sich in jeder Stadt ein neues Kniegelenk einbauen lassen. In aller Regel heißen die Kliniken so jemanden herzlich willkommen – denn so ein Eingriff zahlt sich aus. In der Akutversorgung hingegen wird der Patient recht häufig und auch buchstäblich allein gelassen.

Was übrigens auffallend ist: Viele Patienten lassen sich Hüfte und Knie nicht vor Ort erneuern. Bei mir verbleibt der Eindruck, dass in den Köpfen vieler Leute gilt: je weiter die Entfernung, desto spezialisierter der Chirurg.

Die Patienten aus dem Norden zieht es auf der Autobahn gen Süden – und umgekehrt. Die bekannte Redensart, dass der Prophet im eigenen Land nichts wert ist, trifft wohl auch für Mediziner zu. Mit dem netten Nebeneffekt, dass auch dieser Medizin-Tourismus bezahlt werden muss.

Die „Rosinenpickerei" begründet sich in den bereits genannten Vergütungsstrukturen. Dies ist aus meiner Sicht ein Unding: Die Knie-TEP ist doch gesellschaftlich nicht relevanter als die Leistung einer Geburtshilfe. Selbstverständlich muss Akutversorgung so vergütet werden, dass sie sich trägt. Doch die wesentliche Crux liegt in der Vergütungsstruktur der stationären Versorgung. Jede Gesellschaft bekommt die medizinische Versorgung, die sie bezahlt, so lässt sich die einfache und nüchterne Wahrheit formulieren.

Fall 5: „Bitten senden Sie einen aktuellen Psychotherapiebericht an den MD"

Mir gegenüber sitzt ein junger Kerl in gebückter Haltung mit Ringen unter den Augen. Es ist der 22-jährige Jan Stellmann, den ich in dieser Woche kennenlerne. Der junge Mann ist aus beruflichen Gründen von Essen ins Münsterland gezogen und war bisher in der Sprechstunde meines Kollegen, der sich derzeit im wohlverdienten Urlaub erholt. Herr Stellmann ist seit fast einem halben Jahr aufgrund einer Depression krankgeschrieben. Auch ein Laie kann diesem Menschen ansehen, dass er krank und angeschlagen ist. Da wir uns nicht kennen, lasse ich ihn erst mal erzählen: Seine Mutter sei psychisch krank, und er sei als Kind mal in jugendpsychiatrischer Behandlung gewesen. Aus der Dokumentation meines

Kollegen erfahre ich, dass die Mutter eine Bipolare Störung, also eine manisch-depressive Erkrankung hat. Somit hat der junge Mann, zumindest was die Familienanamnese angeht, ein hohes Risiko für diese Art von Erkrankungen. Er berichtet über mittlerweile fünf Erstgespräche. „Sie wissen schon, über diese Notfallnummer", sagt er mit einem traurigen Unterton. Er meint die Terminservicestelle der Kassenärztlichen Vereinigung unter der Nummer 116117. Alle Psychologen hätten ihm gesagt, er bräuchte dringend eine Therapie – aber keiner könne ihn aufnehmen, sondern nur auf eine Warteliste setzen. Aus seiner Leinentragetasche holt er einen Block und zeigt mir mehrere vollgeschriebene Seiten mit Adressen und Nummern von Psychotherapeuten, die er versucht hat anzurufen. Auch an seine Krankenkasse habe er sich schon gewandt. Bisher blieben jedoch alle Versuche, einen Psychotherapieplatz zu bekommen, erfolglos.

Passend zu diesem Termin hatten wir in der Hausarztpraxis aufgrund der langen Arbeitsunfähigkeit ein Schreiben der Krankenkasse erhalten – mit der Aufforderung, einen Psychotherapiebericht zum Medizinischen Dienst der Krankenversicherungen (MD) zu schicken. Ich sag mal so: Können vor Lachen – wenn es denn eine Psychotherapie gäbe!

Suizidalität besteht nicht, eine Indikation für eine stationäre Therapie liegt sicherlich nicht vor. Darüber hinaus sind auch diese Plätze rar. Mir tut der junge Mann leid. Nach vier Monaten Wartezeit hat er immerhin einen Termin beim örtlichen Psychiater bekommen, sodass ich mich jetzt auch mit dem Beginn einer medikamentösen Behandlung erst einmal zurückhalte. Ich bespreche mit dem Patienten die Option einer Online-Therapie über eine App-Anwendung. „Ich nehme alles, was ich kriegen kann", entgegnet Herr Stellmann mit einer

nachvollziehbaren Hilflosigkeit. Wir schauen uns die verfügbaren digitalen Gesundheitsanwendungen (DiGA) – so
heißen diese recht gehypten und hochsubventionierten
Apps – gemeinsam an. Einen Favoriten kann er nicht
benennen. Also entscheide ich für ihn mit, wähle das
Programm „Deprexis" aus und hoffe, für ihn das passende
Konzept erwischt zu haben. „Deprexis" erscheint mir
etwas passender als „Selfapy". Dass diese DiGA eine echte
Therapie ersetzt, halte ich allerdings für Wunschdenken
der Medizin-Start-ps.

Ich habe ein durchaus gespaltenes Verhältnis zu
diesen DiGAs. Nehmen wir das Beispiel „Zanadio" zur
Behandlung der Adipositas: Diese App bietet Adipositas-
Therapie von der Stange, also ein Konzept für alle, jedoch
mit geringem medizinischen Know-how. Gleichzeitig
bezahlt die Krankenkasse für diese App 2000 € pro Jahr
und Patient, wenn ein Arzt dieses Programm rezeptiert.
Man lasse sich diese Summe mal auf der Zunge zergehen,
denn noch einmal: Das ist die Ausgabe pro Jahr pro
Patient! Zum Vergleich: Auch ich betreue als Ernährungsmedizinerin Patienten mit Adipositas in unserer Praxis
und erhalte dafür pro Quartal etwa 30 €, also 120 € pro
Jahr pro Patient. Das empfinde ich als schlechten Witz:
Wertschätzung für mein zeitintensives Engagement
für dieses Patientenklientel sieht anders aus. Trotzdem
verschließe ich mich nicht für diese Angebote, wenn ich
sie für sinnvoll und angebracht erachte.

Sprechende Medizin ist zeitintensiv, personalintensiv
und wenig lukrativ. Daher können sich Menschen
zwar wie am Fließband in großen augenärztlichen
Medizinischen Versorgungszentren ihren grauen Star
operieren lassen, und Herr Stellmann würde auch schnell
einen Orthopäden finden, der sein Knie spiegelt – aber
bei psychischen Erkrankungen sieht das Angebot an ärztlichen und psychologischen Kollegen dünn aus. Während

ausländische Private-Equity-Unternehmen in unserem Gesundheitssystem längst Fuß gefasst und dieses in ausgewählten Bereichen als gewinnbringendes Investment erkannt haben, meidet das große Geld die sprechende Medizin, da sie als zu wenig lukrativ beurteilt wird.

Private Equity im Gesundheitswesen

Träger von Krankenhäusern, Medizinischen Versorgungszentren oder Arztpraxen müssen keine städtischen, kirchlichen oder freiberuflichen Personen oder Organisationen sein. Auch private Unternehmen können Krankenhäuser betreiben, wie zum Beispiel die HELIOS-Kliniken Teil des Fresenius-Konzerns sind. Als Krankenhausbetreiber ist es möglich, sogenannte Medizinische Versorgungszentren zu gründen. Auf diese Weise drängen immer mehr Unternehmen in den ambulanten Versorgungssektor. Private Equity (privates Beteiligungskapital) findet sich vor allem in lukrativen, hochtechnisierten Fächern wie der Radiologie (Scheuplein, 2019).

> **»** Mein Kommentar: Unser Gesundheitssystem hat in seiner aktuellen Ausgestaltung weder die Belange von psychisch Kranken noch die von Säuglingen, Kindern, Jugendlichen und jungen Erwachsenen im Fokus.

Herr Stellmann wird also weiter von mir krankgeschrieben. Die App „Deprexis" hilft ihm durch den Alltag – nicht mehr und nicht weniger. Wir hoffen beide auf einen ambulanten Therapieplatz in absehbarer Zeit. Und wieder muss man festhalten, dass hierzulande in erster

Linie die Medizin verfügbar ist, die gut bezahlt wird. Die Versorgung von psychisch Kranken gehört eben nicht dazu – sie ist zu personal- und zeitintensiv. Identisches gilt für die Pädiatrie und Geburtshilfe. Daher kann ich an dieser Stelle durchaus provokant und kritisch resümieren: Unser Gesundheitssystem hat in seiner aktuellen Ausgestaltung sicherlich nicht die Belange von Säuglingen, Kindern, Jugendlichen und jungen Erwachsenen im Fokus. Doch sollen genau sie die Zukunft unserer Sozialversicherungen sein. Das geht aus meiner Sicht nicht auf.

Fall 6: „Die komplexe Vorgeschichte darf ich als bekannt voraussetzen"

Mit einem geplanten Termin stellt sich die 22-jährige Jule Euting vor. Die junge Patientin macht einen verunsicherten Eindruck und sitzt in gebückter Haltung vor mir. „Eigentlich weiß ich, dass Sie wohl nicht der richtige Ansprechpartner sind. Trotzdem hoffe ich, dass Sie noch eine Idee haben", sagt sie zaghaft, sehr leise und beinahe verschämt. Schon bei der Einleitung macht Frau Euting einen durchaus verzweifelten Eindruck. Neugierig mustere ich die junge Frau: Sie ist groß, sehr schlank, blass und zeigt diskrete Augenringe. Erschöpft sieht sie aus. Frau Euting berichtet, dass sie unter dauerhaften Blutungen leide, sie habe quasi keinen Zyklus, sondern eine durchgehende Menstruation. Von ihrem Frauenarzt habe sie schon verschiedene Anti-Baby-Pillen verschrieben bekommen, der Zustand habe sich aber nicht geändert.

Ob denn schon mal was untersucht wurde, Hormonstatus und Ultraschall zum Beispiel, will ich wissen. „Nein, bisher wurden nur verschiedene Pillen ausprobiert." Puh, schwierig. Ich möchte erst mal die Stärke der Blutungen verifizieren und schlage eine Blutentnahme mit umfangreichen Werten vor. „Wir sollten wissen, worüber wir reden: Leidet Ihr roter Blutfarbstoff darunter? Was macht der Eisenspeicher? Macht auch die Schilddrüse ein Problem?", erkläre ich ihr den Hintergrund. Die Patientin empfindet das als einen sinnvollen Vorschlag. Gleichzeitig empfehle ich ihr, eine Zweitmeinung beim gynäkologischen Facharzt einzuholen, und stelle dafür eine Überweisung aus. Wir vereinbaren eine erneute Vorstellung bei mir, sobald sie eine zweite Meinung beim Facharzt eingeholt hat.

Die Blutergebnisse liegen drei Tage später vor: Es bestätigt sich eine Blutarmut in Kombination mit einem erheblichen Eisenmangel. Die dauerhaften Menstruationsblutungen sind also definitiv messbar und klinisch relevant – und es besteht konkreter Handlungsbedarf. Darüber hinaus konnten wir auch eine Schilddrüsenfehlfunktion nachweisen. Dies teile ich der Patientin telefonisch mit.

Zwei Wochen später folgt die erneute gynäkologische Untersuchung. Ein vaginaler Ultraschall bleibt unauffällig. Der Kollege empfiehlt, die Pillen zu kombinieren. Als mir die Patientin genau das in meiner Sprechstunde mitteilt, halte ich mit meiner Verwunderung nicht hinterm Berg. „Ernsthaft?", kommentiere ich und trage dabei ein großes Fragezeichen auf der Stirn. Ich bin kein Experte in Sachen gynäkologischer Medikation, aber dass es eine Empfehlung und Indikation zur Einnahme von drei Pillen gleichzeitig gibt, wäre mir neu und erscheint mehr als ungewöhnlich.

„Frau Euting, wir kommen hier irgendwie nicht weiter. Mein Vorschlag: Wir schalten einen Facharzt für hormonelle Erkrankungen ein, einen Endokrinologen. Fakt ist, wir haben es hier mit den Geschlechtshormonen und den Schilddrüsenhormonen zu tun, und in Ihrem Fall zwei Hormonsystemen, die nicht funktionieren, wie sie sollten. Daher brauchen wir eine fachärztliche Beurteilung. Den Endokrinologen haben wir nicht vor Ort, da kann ich Ihnen Adressen in Dortmund, Düsseldorf und Essen anbieten. Zur Sicherheit sollten wir außerdem ein Bild vom Kopf machen, vielleicht liegt die Ursache auch in der Hirnanhangsdrüse. Und aufgrund der auffälligen Schilddrüsenwerte machen wir noch einen Ultraschall." Die Patientin ist froh, dass es jetzt ein Prozedere gibt, an das sie sich halten kann. Ich bin gespannt, wie der weitere Verlauf sein wird. Da muss doch etwas gefunden werden, dessen bin ich mir sicher.

Vier Wochen später kommt die totale Ernüchterung: Die Ultraschalluntersuchung der Schilddrüse bringt keine neuen Erkenntnisse. Auch die Magnetresonanztomographie (MRT) des Kopfes ist unauffällig, und den Besuch bei der Endokrinologin hätte sich Jule Euting sparen können, denn die Fachärztin hat lediglich erneut einen Ultraschall der Schilddrüse angefertigt. Frau Euting legt mir den Arztbrief der endokrinologischen Praxis vor. Nicht nur meine Mimik, sondern auch mein guter Glauben an die Ärzteschaft und der verbliebene Optimismus frieren ein, als ich in dem Brief wörtlich den Satz lese: „Die komplexe gynäkologische Vorgeschichte darf ich als bekannt voraussetzen." Ist das ihr Ernst? Ist das zu viel verlangt, dass eine Fachärztin ihre grauen Zellen anstrengt und Ursachenforschung betreibt, wenn eine 22-jährige junge Frau zwei gestörte Hormonsysteme zeigt und sich konkret mit dieser Fragestellung bei ihr vorstellt? Offensichtlich ist die Endokrinologin damit überfordert. Oder sieht keinen Handlungsbedarf. Oder hat überhaupt keine Idee, wie sie das Krankheitsbild anfassen soll. Oder all das zusammen in einer Mischung aus Inkompetenz, Ignoranz und Interesselosigkeit.

Ich fühle mich sehr hilflos und kann die Verzweiflung der Patientin total nachvollziehen. Wir brauchen einen

Plan B. „Frau Euting, auch wenn bei Ihnen jetzt kein Kinderwunsch besteht, sollten Sie sich aus meiner Sicht in einem Kinderwunschzentrum vorstellen. Die betreiben schließlich tagtäglich umfangreiche Hormondiagnostik. Die Hirnanhangsdrüse ist in Ordnung, und um die Schilddrüse kümmern wir uns hier in der Hausarztpraxis. Aber es muss ja auf der gynäkologischen Seite mal vorangehen. Und ganz ehrlich: Wenn Sie sich schon im Kinderwunschzentrum in Münster anbinden lassen, schlage ich vor, dass Sie sich auch eine Gynäkologin in Münster suchen. Meine Hoffnung ist, dass die städtischen Kollegen ein wenig mehr Engagement zeigen, um der Sache auf den Grund zu gehen. Was halten Sie davon?" Ich sehe der Patientin die Enttäuschung über den bisherigen Verlauf an. Sie hat den sprichwörtlichen Kaffee auf und keine Lust auf weitere ärztliche Konsultationen. Ihre Stimme klingt dumpf, als sie resigniert feststellt. „Das ist wahrscheinlich die einzige Option, die jetzt noch Sinn macht. Dann mache ich das so. Kann ich mir denn in einem Kinderwunschzentrum einfach so einen Termin holen?" Ich gebe ihr eine Überweisung mit und alle Unterlagen, die bisher vorliegen. Und mache ihr ein wenig Mut: „Damit sollte das kein Problem sein, und wenn es doch eines gibt, melden Sie sich bitte. Dann kläre ich das."

Sechs Wochen später sehe ich Frau Euting in der Sprechstunde wieder. Sie berichtet: „Ich war vorletzte Woche im Kinderwunschzentrum in Münster und bei einer weiteren Gynäkologin. Es ist wohl so, dass ich faktisch schon in den Wechseljahren bin. Irgendein Hormon ist massiv abgesackt, ich habe kaum funktionierende Eierstöcke, und damit ich überhaupt irgendwann mal an Kinder denken kann, sollen jetzt Eier entnommen und eingefroren werden. Wenn ich dann irgendwann Kinder haben möchte, greifen wir darauf zurück."

Wie krass, denke ich und nehme den Arztbrief entgegen. Frau Euting hat einen massiven Mangel an Anti-Müller-Hormon. „Dann hat sich die Vorstellung in Münster aber mal gelohnt. Auch wenn das natürlich keine schöne Diagnose ist", resümiere ich und frage nach den Blutungen. „Ich nehme jetzt ein anderes Hormonpräparat. Die sagen, das hängt mit dem Hormonstatus zusammen. Die Blutungen sind noch da, aber deutlich zurückgegangen", entgegnet die Patientin. „Halleluja", ist meine spontane Reaktion. „Frau Euting, es freut mich total, wenn Sie jetzt auf dem richtigen Weg sind und offensichtlich in guten Händen." Die junge Frau bedankt sich für meine Unterstützung und verlässt mit großer Zuversicht, die ich bis dato bei ihr noch nie so gesehen habe, das Sprechzimmer.

» **Mein Kommentar: Sowohl die Kapazitäten als auch der Blick für Verläufe jenseits des Standards fehlen häufig!**

Gut ist das alles nicht gelaufen. Wieso braucht es eine vierte und fünfte fachärztliche Vorstellung, bis jemand die Beschwerden ernst nimmt und Diagnostik betreibt? Es gibt fachärztliche Bereiche wie Viszeralchirurgie, Unfallchirurgie und Orthopädie, in denen ich mich gut auskenne und selbst in der Lage bin, die notwendige Diagnostik einzuleiten und zu beurteilen. Das trifft auf gynäkologische Hormondiagnostik jedoch so gar nicht zu, und ich frage mich, ob es nicht Sache des Haus- und Hof-Gynäkologen vor Ort gewesen wäre, sich damit ernsthaft zu befassen. Ich zweifle nicht die Kompetenz der Kollegen an. Ich fürchte nur, sie sind derart überlaufen und ausgebucht, dass ihnen die Kapazitäten und der Blick für Verläufe jenseits des Standards fehlen. Und das ist aus meiner Sicht höchst bedenklich. Wenn dem so ist, gilt auch hier, dass sich die politisch Verantwortlichen um eine flächendeckende fachärztliche Grundversorgung kümmern müssen. Dazu gehört sicherlich nicht die spezialfachärztliche Praxis für Endokrinologie, aber die allgemeinfachärztliche Praxis für Gynäkologie genauso wie für Neurologie und Augenheilkunde. Und warum wird eigentlich die bestehende doppelte Facharztstruktur nicht besser ausgenutzt?

Fall 7: „Geh mal nach Hause. Das ist ja nix …"

Hier schildere ich verschiedene Erlebnisse meiner Patienten in der Notaufnahme. Diese Geschichten thematisieren auf unterschiedliche Weise das zentrale Problem der Notfallambulanz: personalintensiv, 24 h verfügbar, unterfinanziert und nicht planbar.

Gustav Höing

Gustav Höing hat das Down-Syndrom, also eine Trisomie 21. Er ist 55 Jahre alt, hat die üblichen Herz- und Gefäßerkrankungen, die dieser Gendefekt mit sich bringt, führt aber ein weitestgehend selbstständiges Leben. Ich kenne ihn und seine Betreuerin Frau Frank, seit ich in der Praxis arbeite, und schätze beide sehr. Herr Höing hat immer mal wieder Bauchschmerzen aufgrund einer Magenschleimhautentzündung, kennt das auch ganz gut und nimmt daher regelmäßig Medikamente für den Magen ein. Herr Höing arbeitet in einer integrativen

Werkstatt, kauft für sich ein und ist in der Lage, seine Bedürfnisse zu erkennen und sich bei Bedarf Hilfe zu suchen.

An einem Silvesterabend hält er es vor Bauchschmerzen nicht mehr aus und geht in die Notaufnahme des örtlichen Krankenhauses. Hier findet er jedoch kein Gehör, wird in der Aufnahme schon abgewiesen und nicht mal als Patient registriert. „Geh mal nach Hause. Das ist ja nix fürs Krankenhaus", urteilt die Mitarbeiterin der Notaufnahme. Bei allem Verständnis für das Chaos in einer Notaufnahme an Feiertagen, das mir selbst sehr gut bekannt ist, muss ich die Situation an dieser Stelle noch einmal hervorheben: Ein Patient mit Trisomie 21 stellt sich mit Bauchschmerzen vor. Der Gendefekt selbst bedingt diverse Gefäßkrankheiten. Und trotzdem wird Gustav Höing ohne weitere Untersuchung weggeschickt. Mir fehlen dafür die Worte.

Herr Höing legt sich daraufhin zwei komplette Tage ins Bett und steht einfach nicht mehr auf. Am 2. Januar besucht ihn schließlich seine Betreuerin, findet ihn im Bett liegend, blass und apathisch vor und ruft einen Krankenwagen. Die Bauchschmerzen begründen sich in einer massiven Magenschleimhautentzündung, die zu einer chronischen Blutung mit einer nachfolgenden ausgeprägten Blutarmut (Anämie, Hb 6 mg/dl) geführt hat.

Anämie
Mit dem Hb-Wert (Hämoglobinwert) wird die Anzahl der Sauerstoffträger, also der roten Blutkörperchen im Blut, gemessen. Für Männer gilt ein Hb-Wert von 13–16 mg/dl als normal.

Die Geschichte von Gustav Höing macht mich wütend und lässt mich gleichzeitig traurig zurück: Ein Mensch mit einem Handicap stellt sich ohne Begleitung mit einem medizinischen Problem in einer Notaufnahme vor und wird einfach fortgeschickt. Dass er nicht mit Nachdruck für seine Interessen eintreten kann, wird ausgenutzt, was im höchsten Maße diskriminierend ist, wenn nicht gar ein massiver Fall von unterlassener Hilfeleistung.

Angelika Hoff

Angelika Hoff ist eine taffe Mittfünfzigerin, mit beiden Beinen im Leben stehend, in Vollzeit berufstätig, und hat zwei Kinder großgezogen. Wenn sie mit ihrem gepflegten Äußeren auftaucht, dann immer mit einer adrett gebügelten Bluse. Ein aufgeräumtes Haus und ein vorzeigbarer Vorgarten sind ihr wichtig. Man könnte sagen: Angelika ist eine klassische Westfälin. Auch nimmt sie für sich das klassische westfälische Leitmotto in Anspruch: „Was von alleine gekommen ist, geht von alleine." Wegen Kleinigkeiten geht sie nicht extra zum Arzt.

Nachdem sie an einem Samstag den ganzen Tag im Garten gearbeitet hat, hält sie es am Sonntag vor Rückenschmerzen nicht mehr aus. Sie kommt morgens nicht aus dem Bett, kann nicht mal ins Badezimmer gehen und startet den Tag mit zwei Ibuprofen 400 mg Schmerztabletten aus ihrer Hausapotheke, in der Hoffnung, irgendwann das Bett verlassen zu können. Ihr Plan geht nicht auf. Obwohl sie selten Schmerzmittel nimmt, hat sie das Gefühl, sie hätte nur Smarties geschluckt. Als sie gegen Mittag buchstäblich keinen Schritt weitergekommen ist, hat ihr Mann Ralf die Faxen dicke und ruft einen Krankenwagen, der Angelika in das örtliche Krankenhaus bringt. In der Notaufnahme wird eine Röntgenaufnahme der Lendenwirbelsäule veranlasst. Auf Nachfragen des Arztes verneint sie Gefühlsstörungen oder eine Schwäche in den Beinen. Sie erhält ein Schmerzmittel, was allerdings auch keinen durchschlagenden Erfolg bringt. Da die Röntgen-Diagnostik unauffällig bleibt und der Arzt nichts feststellt, wird sie entlassen. Laufen oder Sitzen kann sie immer noch nicht. Daher wird sie liegend auf einer Trage zu ihrem Auto gebracht und mithilfe der Pfleger auf die Rückbank gelegt. Fassungslos fährt Ehemann Ralf das nächste Krankenhaus an. Dort wird seine Frau zur Schmerztherapie und Diagnostik aufgenommen.

Auch hier frage ich mich: Wie kann es sein, dass ein Mensch vor Schmerzen liegend (!) auf einer Trage zum Auto gebracht wird, weil ja das Röntgenbild nichts ergeben hat? Und das, obwohl dieses Krankenhaus in seinem Briefkopf sogar die Bezeichnung „Wirbelsäulenorthopädie" trägt? Der venöse Zugang lag immerhin noch im Arm, daher konnte das nächste Krankenhaus zumindest schnell etwas gegen die Schmerzen unternehmen.

Ulla Richter

Ich habe hausärztlichen Notdienst am Sonntag. Die Notfallpraxis befindet sich auf dem Gelände des Krankenhauses. In der Umgebung gibt es relativ viele Notfallpraxen, und der Standort, an dem ich Dienst habe, wird eher wenig frequentiert. Daher wurden wie bei einer „normalen" hausärztlichen Praxis Sprechzeiten eingeführt. Die Notfallpraxis ist von 9 bis 12 und von 16 bis 19 Uhr geöffnet. Als ich um kurz vor vier Uhr am Nachmittag wieder in die Praxis komme, sitzt eine Patientin gekrümmt auf einer Bank. Eine junge Frau, Anfang bis Mitte dreißig, schätze ich. Sie schaut mich mit gequälten Augen an, als ich sie anspreche. Sie habe Bauchschmerzen, sei um 13.30 Uhr in die Notaufnahme gegangen, die hätte sie aber weggeschickt und gesagt, sie solle bis 16 Uhr warten, dann käme der hausärztliche Notdienst. „Sie sitzen hier in dieser Verfassung seit zwei Stunden?", frage ich nochmals nach, weil ich das nicht glauben kann.

Ich setze die Patientin in einen Rollstuhl und nehme sie mit ins Behandlungszimmer. Ich will die Umstände näher beleuchten: „Waren die Schmerzen die ganze Zeit so stark?" Die junge Frau mit Namen Ulla Richter bejaht. Die Anamnese liefert nichts. Die körperliche Untersuchung zeigt starken Druckschmerz im gesamten Bereich der rechten Flanke und der rechten Quadranten. Daher kommen differentialdiagnostisch eine Blinddarm- oder eine Gallenblasenentzündung ebenso wie ein Nierenstein infrage. Ein Ultraschall wäre jetzt super, gehört jedoch nicht zur Ausrüstung der Notfallpraxen. Ich bitte Frau Richter, Urin abzugeben. Vielleicht kann ich das urologische Thema damit schon mal ausschließen.

Der Urinbefund zeigt wenig rote Blutkörperchen, sonst nichts. Frau Richter ergänzt, dass sie bis vor drei Tagen ihre Regelblutung gehabt habe, also hilft der Urinbefund auch nicht weiter. Die Frau braucht jetzt erst mal Schmerzmittel. Ich lege eine Venenkanüle und verabreiche Novalgin in einer Infusion.

Als ich der Patientin erläutere, dass sie mit diesen Beschwerden ins Krankenhaus muss, fängt sie an zu weinen. „Den Weg noch mal in die Notaufnahme schaffe ich zu Fuß nicht mehr", entgegnet sie unter Tränen. Ich beruhige sie: „Natürlich müssen sie nicht selbst laufen. Ich kümmere mich darum!" Ich rufe in der Notaufnahme an, schildere die Situation und bitte, dass die Patientin mit einem Rollstuhl abgeholt wird. Eine dreiviertel Stunde später warten wir immer noch auf die Kollegen des Krankenhauses. Frau Richter hat in der Zwischenzeit erbrochen. Ich rufe erneut an und frage nach. „Ich kann ja nicht ahnen, dass es notfallmäßig sein sollte", blafft mich eine Schwester am anderen Ende der Telefonleitung an. „Ich muss jetzt erst noch zum Röntgen, danach kann ich mich darum kümmern. Sonst müssen Sie halt einen Rettungswagen rufen." Ich resümiere, dass ich für die Strecke von 150 m einen Rettungswagen anfordern soll – und tue dann genau das. Als die Notfallsanitäter eintreffen, erläutere ich den Fall. Sie schütteln den Kopf und entscheiden, nicht die Notaufnahme um die Ecke anzufahren, sondern das Krankenhaus in 25 km Entfernung. Frau Richter ist damit sehr einverstanden.

Und wieder frage ich mich, wie jemand mit offensichtlich starken Beschwerden aus der Notaufnahme weggeschickt wird, um zwei Stunden auf einen Arzt in einer Praxis ohne Ultraschall und Labor zu warten? Auch hier steht unterm Strich die unterlassene Hilfeleistung.

>> **Mein Kommentar: Der ambulante Sektor ist bereits kollabiert. Die Notaufnahmen sind daher Anlaufstellen für zu viele Patienten und längst nicht mehr Herr der Lage. Notfallversorgung ist personalintensiv und unterfinanziert!**

Notfallmedizinische Versorgung muss 24 h verfügbar sein, ist nicht planbar, unterschiedlich personalintensiv, daher schwierig zu organisieren und deutlich unterfinanziert. Die Notaufnahme ist ein chronisches Verlustgeschäft, und die Motivation der Krankenhäuser, in diesem Bereich ein gutes Bild abzugeben, hat nahezu ausschließlich Gründe der Außenwirksamkeit: Der Patient, der sich am Wochenende seine Hundebissverletzung in der Notaufnahme hat versorgen lassen, kommt vielleicht zur Operation seines Kniegelenksersatzes wieder vorbei – vorausgesetzt, die Leistung der Notaufnahme hinterlässt einen positiven Eindruck. Für besonderes Konfliktpotenzial sorgt die Tatsache, dass Patienten und Fachpersonal einen „medizinischen Notfall" sehr unterschiedlich definieren und interpretieren. Dies ist verständlich, da der Patient einerseits nicht über das Fachwissen verfügt und andererseits persönlich und emotional betroffen ist. Doch zu den Beteiligten gehört eben auch das kontinuierlich überarbeitete und gestresste Fachpersonal, das zwar wissend und fachlich versiert, jedoch weder persönlich noch emotional betroffen ist. Dies verlangt von beiden Seiten ein gewisses Verständnis für die Situation und die äußeren wie auch inneren Umstände des anderen – und genau das stellt bei einem hohen Stresslevel bei allen Beteiligten eine durchaus nicht zu unterschätzende Herausforderung dar.

Dieses Konfliktpotenzial ist in den vergangenen Jahren noch einmal deutlich gewachsen. Eine Folge der ambulant nicht mehr verfügbaren Facharzttermine ist eine Flut von Patienten, die ihre Beschwerden über einen langen Zeitraum nicht abklären lassen können und sich schließlich gezwungen sehen, sich an das Krankenhaus zu wenden. Für den Patienten sind die seit Wochen ausgehaltenen Bauchschmerzen dann ein persönlicher Notfall – dieser Mensch kann seine Schmerzen eben nicht mehr länger aushalten. Für das Fachpersonal ist klar: Die Beschwerden bestehen seit Wochen, daher kann es kaum etwas Lebensbedrohliches sein.

Notfallmedizinisches Fachpersonal denkt in Sekunden und Minuten. Die längste Zeitperiode, die den Begriff „Notfall" rechtfertigt, lautet: „Muss heute behandelt werden". Und seien wir ehrlich: Die wenigsten Patienten, die in einer Notaufnahme aufschlagen, müssen aus medizinischer Sicht „heute" behandelt werden. Das System kollabiert, da die medizinische Versorgung der zeitlichen Dimension „dringend" im ambulanten Sektor nicht mehr verfügbar ist. „Dringend" ist alles, was binnen einer, maximal zwei Wochen untersucht werden muss. Nimmt sich ein Krankenhaus dieser „dringenden" Fälle an, stellt der Medizinische Dienst der Krankenversicherungen (MD) fest, dies sei eigentlich Aufgabe des ambulanten Sektors gewesen. Die Folge: Die Magenspiegelung, die am zweiten Tag nach der stationären Aufnahme erfolgt ist, wird nicht bezahlt, und zusätzlich wird das Krankenhaus mit einer Strafzahlung belegt. Wenn das Krankenhaus, das Angelika Hoff mit ihren schlimmen Rückenschmerzen schließlich zur Schmerztherapie und zur weiteren MRT-Diagnostik aufgenommen hat, die Aufnahme und die Untersuchungen nicht ausreichend begründen kann, wird die Kasse den Aufenthalt nicht bezahlen, und es drohen sogar Strafzahlungen.

„Dringend" ist häufig eine mehr menschliche und moralische Dimension, kaum jedoch eine echte medizinisch-zeitliche Kategorie. Auch wenn ich nicht weiß, ob die starken Bauch- oder Rückenschmerzen eine akut zu behandelnde Ursache haben, ist es doch menschlich-moralisch geboten, einen Patienten mit starken Schmerzen nicht abzuweisen. Als Negativbeispiel mit gravierenden Auswirkungen wird häufig die lange Wartezeit bei onkologischen Therapien in Großbritannien angeführt. Wir sind in Deutschland längst auf dem Weg zu diesen Verhältnissen, denn der ambulante Sektor ist aufgrund der großen Nachfrage bereits kollabiert und kann de facto die Versorgung „dringender Fälle" nicht mehr leisten – während das Krankenhaus die Versorgung dieser Fälle nicht bezahlt bekommt.

Wartezeit vs. Therapieerfolg

In Großbritannien sind die Fünf-Jahres-Überlebensraten bei sechs der sieben untersuchten Krebsarten (Bauchspeicheldrüse, Kolon, Lunge, Magen, Rektum und Speiseröhre) niedriger als in Australien, Irland, Kanada, Neuseeland, Norwegen und auch

Dänemark (Deutsches Ärzteblatt, 2019). Der Grund liegt in der deutlich längeren Wartezeit vor Therapiebeginn.

Dies gilt im Übrigen für die gesamte Bandbreite der medizinischen Versorgung: Ein Termin für eine ambulante Magenspiegelung binnen 14 Tagen? Unmöglich! Herzultraschall beim Kardiologen in einer Woche? Illusion! Krisenintervention beim Psychologen oder Psychiater im Akutfall? Ist wohl ein Scherz! Die Psychiatrie kennt als dringende Kategorien lediglich „Eigen- oder Fremdgefährdung". Besteht beides nicht, heißt das für den Betroffenen: ab auf die Warteliste.

Die ambulante Versorgung in diesem Land kann in der Realität längst nicht mehr das leisten, was die Gesundheitspolitik verspricht. Und sowohl die ambulanten als auch die stationären Leistungserbringer werden mit diesem Dilemma gnadenlos alleingelassen. Der Zugang zu adäquater medizinischer Versorgung wird zunehmend erschwert – und das, obwohl Versicherte und Steuerzahler seit Jahren mit immer höheren Beiträgen und Zuschüssen zur Kasse gebeten werden. Dass es sich bei der Gruppe „Versicherte und Steuerzahler" um ein und dieselben Personen handelt, fällt dabei schon gar nicht mehr ins Gewicht, könnte man meinen.

Drei Fragen an Dr. Canan Toksoy und Dr. Anna Hinterberger, Oberärztinnen im St. Franziskus-Hospital Münster-Hiltrup

„Krankheit ist ein Geschäftsfeld geworden", Dr. Toksoy.

„Am besten ist derjenige, der seine Patienten schnell versorgt", Dr. Hinterberger

1. Wie hat sich Ihr Arbeitsalltag in den letzten zehn Jahren verändert?

Dr. Canan Toksoy:

In den letzten Jahren ist die Medizin in den Hintergrund gerückt, das Gebot der Wirtschaftlichkeit hat nicht nur Einzug in unseren ärztlichen Alltag erhalten, sondern bestimmt diesen auch. Man hat den Eindruck gewonnen, dass nicht mehr der Behandlungserfolg, sondern die Liegedauer zum wichtigsten Qualitätsmerkmal auserkoren wurde. Der MD lässt uns wie Marionetten tanzen, um den Patienten geht es dabei schon lange nicht mehr. Mein Alltag wird durch ein „Abarbeiten von Fällen" bestimmt, der individuelle Patient steht hier eindeutig nicht mehr im Mittelpunkt unseres Handelns. Genau das verlangt das System von uns. Alles andere wird bestraft – im wörtlichen Sinn. Der MD verhängt Geldstrafen für zu lange Liegezeiten und Maßnahmen, die theoretisch ambulant durchgeführt werden könnten, wie zum Beispiel eine Magenspiegelung.

Für Moralvorstellungen und einen humanistischen Blick auf die Medizin ist in unserer Gesundheitsindustrie kein Platz mehr, wobei „das System" gleichzeitig im Stillen darauf hofft und irgendwie auch erwartet, dass alle Health Care Professionals dieses Defizit durch persönlichen Einsatz wieder wettmachen. Das hat bis zu einem gewissen Grad auch funktioniert, stößt aber jetzt an Grenzen. Ärztliches und pflegerisches Personal flieht im großen Stil aus der kurativen Medizin. Das hat keine monetären Gründe, sondern ist die Folge inakzeptabler Arbeitsbedingungen, die dieses System stützen. Das machen die Leute dann irgendwann nicht mehr mit. Dies ist das Ergebnis eines Ökonomisierungsprozesses, an dessen Ende wir angelangt sind.

Die Krankenhausindustrie hat sich von den Mitarbeitern und damit von der Medizin entfernt, der Patient erscheint nur am Rand. Krankheit ist ein Geschäftsfeld geworden und in diesem Business wird mittlerweile mit harten Bandagen gekämpft. Ein völlig absurder Auswuchs ist dabei der Markt der Personalvermittlung auf Honorarbasis: Stations- und fachfremdes Personal erhält doppelt und dreifaches Honorar, weil die Personalnot so groß ist. Und diese ist deshalb so groß, weil das System für Patienten wie Mitarbeiter unerträglich geworden ist und dem Festangestellten schon entgegenruft: „Deine Gesundheit ist mir ganz egal, du bist nur ein Kostenfaktor!"

Unser Haus steht in Konkurrenz zu Dax-Unternehmen und ausländischen Investoren, da verwundert diese Entwicklung wirklich nicht. Mich erschreckt, dass wir als Gesellschaft diese Entwicklung in Kauf nehmen und noch mehr wundert mich, wenn Politik jetzt so tut, als sei das alles nicht absehbar gewesen.

Dr. Anna Hinterberger:

Wenn ich auf die Anfänge meiner ärztlichen Tätigkeit zurückschaue, fallen mir mehrere Unterschiede und Entwicklungen auf. Ein Punkt dabei ist die Digitalisierung. Unbestritten sind die Vorteile. Aber Schwierigkeiten stellen immer wieder die Schnittstellen zwischen den verschiedenen Programmen dar. Wenn etwas nicht funktioniert, dann hat dieser Ausfall unmittelbare Folgen für die Patientenversorgung oder beeinflusst die Arbeit. Das Hauptproblem dabei ist der Faktor Zeit, diese läuft einem sprichwörtlich davon. Genau die Zeit, von der wir immer so wenig haben. Denn am besten ist derjenige, der schnell und dabei gut seine Patienten versorgt.

Warum schnell? Es gibt je nach Erkrankungsbild vorgeschlagene, durchschnittliche Verweildauern, die beim Unter- oder Überschreiten Auswirkungen auf den Erlös haben. Unabhängig von den möglicherweise tatsächlich erbrachten Leistungen aller Beteiligten (schließlich sind viele Professionen an der Versorgung von Patienten beteiligt) wird ein Erlös berechnet. Mit anderen Worten: Unabhängig von den tatsächlich entstandenen Kosten wird ein Erlös berechnet und den Kostenträgern in Rechnung gestellt. Man ahnt es schon: Die Wirtschaftlichkeit darf heutzutage nicht außer Acht gelassen werden. Das Thema begleitet uns bei unserer täglichen Arbeit und stellt uns wiederholt vor Herausforderungen, insbesondere durch eine weitere Reform vor wenigen Jahren. Es wird geprüft, ob überhaupt eine stationäre Krankenhausbehandlung gerechtfertigt war. In Abhängigkeit von dieser Prüfung wird entschieden, ob die Leistung bezahlt wird oder eventuell auch nicht.

Und noch eine weitere Entwicklung darf ich beobachten: Den Fachkräftemangel in der Pflege. Dieser führt mitunter zu einer reduzierten Bettenkapazität. Auch dieses Phänomen beeinflusst meine tägliche Arbeit, wenn zum Beispiel ein Patient auf einer fachfremden Station versorgt werden muss oder man grundsätzlich vor allem ein Bett auf der zuständigen Schwerpunktstation finden muss (Stichwort Kapazitäten auf der Intensivstation). Eine weitere Herausforderung im Arbeitsalltag sind die medizinischen Fortschritte. Jede Fachdisziplin entwickelt sich erfreulicherweise immer weiter. Dabei den Überblick zu behalten, insbesondere zum Beispiel für die Hausärzte, erfordert gute Kenntnisse und Organisation. Denn irgendwo müssen diese Informationen gebündelt und zusammengeführt werden. Genau das bedarf wieder Zeit. Auch benötigen wir Zeit, dem Menschen dahinter seine Erkrankung(en) und Therapie(n) zu erklären. Aber werden wir dafür ausreichend bezahlt?

2. **Wo liegen aus Ihrer Sicht die größten Fehler im System?**

Dr. Canan Toksoy:
Medizin ist zu einer reinen Dienstleistung mutiert. Mit Gesundheitsfürsorge hat das nur noch wenig zu tun. Der

größte Fehler ist aus meiner Sicht ein falscher Anreiz: Wir müssen als Krankenhaus Gewinne erzielen, um zu überleben. Das wird von Schulen und Feuerwehren nicht verlangt. Die medizinische Versorgung in diesem Land richtet sich nicht nach einem Bedarf, sondern nach Gewinnmaximierung. Krankheiten, Diagnostik und Therapie wird ein konkreter monetärer Wert zugeschrieben. Das halte ich für einen völlig falschen Anreiz.

Das Drama in den pädiatrischen Abteilungen vor Weihnachten 2022 war eine logische Folge: Pädiatrie und Geburtshilfe sind nicht lukrativ und stehen daher massiv unter Druck. Anders sieht es zum Beispiel in der Kardiologie aus. Für unsere Gesellschaft ist aber sicherlich eine kardiologische Versorgung nicht wichtiger als eine pädiatrische oder geburtshilfliche. Hierbei handelt es sich um einen strukturellen Systemfehler, der offenkundig geworden ist.

Dr. Anna Hinterberger:
Bei einer Bezahlung der Leistungen anhand von Pauschalen, bei denen der tatsächlich entstandene Aufwand nicht immer abgebildet werden kann. Und bei einer Nicht-Bezahlung bei so genannter Fehlbelegung. Auch fehlt eine Ausweitung der fachärztlich-ambulanten Versorgung, um eine Entlastung der Krankenhäuser zu schaffen. Immer wieder kommen Patienten ins Krankenhaus, da sie im ambulanten Setting keine ausreichende oder keine zeitnahe fachärztliche Versorgung erfahren haben.

3. Was würden Sie als erstes in unserem Gesundheitssystem verändern wollen?

Dr. Canan Toksoy:
Als Oberärztin „an der Front", die die Ökonomisierung der Medizin der vergangenen zehn Jahre hautnah miterlebt hat, kann ich aus meiner Perspektive nur eine deutlich

stringentere staatliche Regulierung dieses Marktes empfehlen. Wir sollten uns um Patienten und nicht um den Wert von Krankheit bemühen. Aktuell bestimmt der Markt die Versorgung und vor allem das Angebot. Dieses System halte ich für gescheitert. Auch halte ich die Fehlanreize durch die privaten Krankenversicherungen für problematisch und würde eine Bürgerversicherung für alle bevorzugen.

Dr. Hinterberger:
Für die genannten Kritikpunkte gilt es Verbesserungen zu erarbeiten und Änderungen herbeizuführen. Darüber hinaus wünsche ich mir einen offenen Dialog über die Bedürfnisse und Vorstellungen am Ende des Lebens. Zum Leben gehört das Sterben dazu. Oft darf ich erfahren, dass in Familien oder zwischen Eheleuten nicht darüber gesprochen wird, welche Therapien oder welches Verhalten im Falle von schweren Erkrankungen gewünscht bzw. auch nicht gewünscht wird. Ich glaube, dass jeder Mensch für sich Vorstellungen davon hat, wie er sich das eigene Sterben vorstellt. Aber können wir miteinander auch darüber sprechen?

Literatur

Aulehla, I. (2022). Studie zu MVZ-Investoren: Private-Equity-Ketten in Bayern oft in Steueroasen wie den Cayman Islands angesiedelt. https://www.medical-tribune.de/meinung-und-dialog/artikel/studie-zu-mvz-investoren-private-equity-ketten-in-bayern-oft-in-steueroasen-wie-den-cayman-islands-angesiedelt. Zugegriffen: 29. Nov 2022.

Deutsches Ärzteblatt. (2019). Krebs: Großbritannien Schlusslicht im 7-Länder-Vergleich. Deutsche Redaktion Ärzteverlag. https://www.aerzteblatt.de/nachrichten/105958/Krebs-Grossbritannien-Schlusslicht-im-7-Laender-Vergleich. Zugegriffen: 29. Okt. 2022.

Janson, M. (2020). Deutsche häufig beim Arzt und in der Ambulanz. Statista Infografiken. https://de.statista.com/infografik/22308/anzahl-von-arztbesuchen-pro-person-und-jahr/. Zugegriffen: 29. Okt. 2022.

OECD. (2020). Das deutsche Gesundheitssystem im internationalen Vergleich. OECD Berlin Centre Blog. https://blog.oecd-berlin.de/das-deutsche-gesundheitssystem-im-internationalen-vergleich. Zugegriffen: 29. Okt. 2022.

PwC. (2021). Investoren zunehmend an ambulanten Rehakliniken interessiert. PricewaterhouseCoopers Transaktionsmonitor 2020/2021. https://www.kma-online.de/aktuelles/klinik-news/detail/investoren-zunehmend-an-ambulanten-rehakliniken-interessiert-a-45809. Zugegriffen: 29. Okt. 2022.

Scheuplein, C. (2019). Wie Private-Equity-Gesellschaften den deutschen Radiologie-Markt durchdringen. Radiologen WirtschaftsForum 05/2019, S. 5 ff. https://www.rwf-online.de/system/files/RWF-05-2019.pdf

Scheuplein, C., & Bůžek, R. (2021). Private-Equity-geführte Praxis-Ketten in der vertragsärztlichen ambulanten Patientenversorgung in Bayern. *Gesundheits- und Sozialpolitik, 75*(2), 36–44. https://doi.org/10.5771/1611-5821-2021-2-36.

Statista. (2022). Anzahl der jährlichen Arztbesuche pro Kopf in Deutschland bis 2019. https://de.statista.com/statistik/daten/studie/77182/umfrage/deutschland-jaehrliche-arztbesuche-pro-kopf-seit-1991. Zugegriffen: 29. Okt. 2022.

Statistisches Bundesamt. (2022). Gesundheitsausgaben in Deutschland. https://www.destatis.de/DE/Themen/Gesellschaft-Umwelt/Gesundheit/Gesundheitsausgaben/_inhalt.html#235030. Zugegriffen: 29. Okt. 2022.

3

Gesundheitsversorgung heute: Mensch und Moral

Illustration: Cla Gleiser

Welche medizinische Versorgung wünsche ich mir für mich und meine Familie, wollen wir für uns und die Gesellschaft in Anspruch nehmen? Wie soll diese medizinische Versorgung ausgestaltet sein? Dies sind extrem schwierige, weil ethisch komplexe und gleichzeitig sehr emotionale Fragen. Auf der Suche nach den Antworten braucht es einen Maßstab. An dieser Stelle oute ich mich als überzeugte Christin (nicht Katholikin, was ich in diesen Zeiten unbedingt betonen möchte). Ich habe eine moralische Vorstellung von „Richtig" und „Falsch", gerade und erst recht in Bezug auf das ärztliche Handeln. Das ist nicht an einen christlichen Glauben gebunden; menschliches und mitmenschliches, helfendes und hilfreiches Handeln existiert selbstverständlich auch außerhalb des Christentums. Und wird dann zum Beispiel treffend mit dem Begriff Humanismus umschrieben. Die Maxime muss nach meiner Überzeugung lauten: Ich behandle Patienten so, wie ich selbst behandelt werden möchte. Ob ich mein Handeln nun im Namen von Christus, auf Grundlage von Kants Kategorischem Imperativ oder einfach aus Überzeugung ohne eine benannte moralische Instanz begründe und ausübe, spielt unterm Strich für die Qualität der medizinischen Versorgung keine Rolle. Jedoch muss klar sein: Eine Arzt-Patienten-Beziehung ist niemals und mitnichten eine Verkäufer-Kunden-Beziehung. Und diesem Anspruch sollte unser Gesundheitssystem nach meinem Dafürhalten gerecht werden.

Ich behaupte allerdings, dass dies in unserem aktuellen System nicht der Fall ist.

Fall 8: „Die lassen sie nicht gehen"

Viele meiner Patienten sind Altenheimbewohner. Wenn es ein medizinisches Problem gibt, schickt mir das Altenheim ein Fax (tatsächlich ist das in der Medizin immer noch das wichtigste Kommunikationsmittel), und ich komme zum Hausbesuch.

Wie fast jede Woche gehe ich zum Hausbesuch in das Altenheim direkt gegenüber meiner Praxis. Aufgrund der räumlichen Nähe behandeln meine Kollegen und ich 95 % der Bewohner. In der Eingangshalle werde ich heute schon abgefangen. „Haben Sie das von Frau Tillmann schon gehört?", spricht mich die Altenpflegerin Martina direkt an, kaum dass ich den ersten Fuß ins Haus setze. Maria Tillmann ist zwar erst 60 Jahre alt, leidet jedoch unter einer hochgradigen Leberzirrhose mit massiver Störung ihrer kognitiven Fähigkeiten. Eine langjährige Alkoholkrankheit ging dem voraus. Die Patientin wiegt noch 28 kg, hat einen Body-Mass-Index (BMI) von 12 kg/qm und wird zweifelsohne an dieser Erkrankung versterben. Daher wurde sie in die palliative Versorgung aufgenommen, und ihr wurde ein Platz in diesem Heim gesichert. Frau Tillmann weiß um ihre Situation, hat ihre Wünsche schriftlich dargelegt und als Betreuerin und Vorsorgebevollmächtigte ihre Tochter Dagmar eingesetzt, mit der ich seit langem regelmäßig Gespräche führe. Wunsch der Patientin und ihrer Tochter ist es, ohne Schmerzen die Zeit, die ihr noch bleibt, im Heim zu verbringen. Auch wenn ich ihr Versterben jetzt noch nicht erwartet habe, frage ich Martina: „Hat sie es etwa schon geschafft? Wir haben gar nichts gehört."

„Nein", entgegnet die Pflegerin fast aufgeregt. „Maria ist Samstagnacht aus dem Bett gefallen und hat sich einen offenen Ellenbogenbruch zugezogen. Das muss furchtbar ausgesehen haben! Es waren diverse Knochen zu sehen. Da musste die Kollegin einen Krankenwagen rufen."

„Was für ein riesiger Mist!", platzt es aus mir heraus. „Frau Tillmann bleibt auch nichts erspart."

„Das können Sie laut sagen. Vor allem, weil das örtliche Krankenhaus wohl so überfordert war, dass sie mitten in der Nacht noch in die Uniklinik Münster verlegt wurde", informiert mich die Pflegerin. „Auch das noch. Dann dürfte sie schon operiert sein und kann eigentlich ja sofort entlassen werden. Ich rufe die Tochter mal an." Nach kurzem Smalltalk mit der Pflegerin verabschiede ich mich, besuche wie geplant zwei Patienten und verlasse das Haus eine halbe Stunde später. Bevor ich zu den weiteren Hausbesuchen auf meiner Route fahre, versuche ich von der Praxis aus Dagmar Tillmann anzurufen. Ihre Mutter im Uniklinikum Münster – ich glaube nicht, dass sie das so will.

Am Telefon berichtet die Tochter völlig aufgelöst über die Geschehnisse vom Wochenende. „Ich habe zwar gesagt, dass meine Mutter nicht ins Krankenhaus will – aber der Arm war so kaputt, das musste sein. Und dann haben die Sanitäter meine Mama mitten in der Nacht noch nach Münster verlegt. Immerhin ist sie dann dort auch gleich noch operiert worden. Sie hat jetzt so ein Gerüst vom Handgelenk bis zum Oberarm." Ich höre aufmerksam zu und helfe der Tochter etwas beim Sortieren ihrer Gedanken: „Das ist dann aber trotz der Umstände ganz gut gelaufen. Die haben notfallmäßig einen sogenannten Fixateur extern angelegt. Damit kann Ihre Mutter auch sofort entlassen werden. Da soll keiner auf die Idee kommen und in einer weiteren OP eine Rekonstruktion versuchen."

„Aber das ist es ja", schimpft Dagmar Tillmann. „Ich habe denen im Krankenhaus die ganze Situation erklärt und was wir besprochen haben, was Mamas Wunsch ist und dass ich ihre Betreuerin bin. Aber die lassen sie nicht gehen! Seit Sonntagmittag versuche ich den Leuten in der Uniklinik klarzumachen, dass hier keiner noch irgendeine Medizin will. Aber die ignorieren mich total und entlassen Mama einfach nicht. Da sind jetzt noch zig Untersuchungen geplant. Heute ist Dienstag. Und Mama hätte schon seit zwei Tagen wieder zu Hause sein können. Weiß doch kein Mensch, wie viel Zeit ihr noch bleibt", weint die Tochter jetzt ins Telefon. Ich verspreche Frau Tillmann, mich darum zu kümmern, sofort in der Klinik anzurufen und mich anschließend wieder bei ihr zu melden.

Universitäre Unfallchirurgie und Palliativmedizin – das passt so gut zusammen wie ein katholischer Gebetsorden in der Schalker Nordkurve. Die Telefonnummer der chirurgischen Pforte weiß ich immer noch auswendig. Die Verbindung klappt auch erstaunlich gut, ich bekomme direkt den zuständigen Stationsarzt ans Telefon. Offensichtlich ist es ein ganz junger Kollege. Ich schildere ihm die Situation aus Sicht des behandelnden Palliativmediziners. Der Kollege entgegnet: „Das kann ja alles sein. Aber schließlich war das eine komplexe Ellenbogenluxations- und Mehrfragmentfraktur. Die Patientin hat noch keine oberärztliche Freigabe. Der hat das letzte Röntgen noch nicht gesehen. Außerdem steht auch definitiv noch ein internistisches Konsil aus."

Nach diesen Ausführungen merke ich gleich, dass ich hier mit Erklärungen, Hintergründen und freundlichen Worten nicht weiterkomme. Okay, das wird hier so nichts, denke ich. Dann werde ich eben klar und deutlich: „Herr Kollege, die Uniklinik ist kein Gefängnis. Jeder Patient – mit Ausnahme von denen auf der geschlossenen psychiatrischen Station – darf zu jeder Zeit Ihr Haus verlassen. Das bedarf weder irgendeiner oberärztlichen Freigabe noch hat das etwas mit irgendwelchen ausstehenden

Untersuchungsergebnissen zu tun. Das alles hat für diese Frau so was von gar keine Konsequenz. Die Patientin will zu Hause sterben, und ich erwarte, dass Sie das umgehend möglich machen. Ich will die Patientin spätestens morgen Mittag wieder hier bei uns vor Ort vorfinden!"

Zum Schluss gebe ich dem perplexen Kollegen meine Kontaktdaten mit dem Hinweis, dass mich der Oberarzt gerne anrufen kann, wenn er Fragen zum Prozedere hat. Ein wenig leid tut mir der junge Unfallchirurg zwar schon; er ist offensichtlich total überfordert. Und trotzdem erinnere ich schon Studierende an das Wesentliche in unserem Beruf: Das, was wir hier tun, setzt den Menschen in den Mittelpunkt. Wir machen Medizin für die Patienten persönlich – und nicht für einen Oberarzt, eine Abteilung oder Prozesse, die halt immer irgendwie laufen müssen. Und hin und wieder darf man sich als Arzt durchaus daran erinnern!

Am nächsten Morgen ruft mich die Tochter schon um neun Uhr an. „Mama wird heute entlassen, der Transport ist für elf Uhr bestellt. Ich weiß nicht, was Sie gesagt haben, aber es hat funktioniert! Vielen Dank!"

Zwei Stunden später hält mir meine Mitarbeiterin einen Telefonhörer entgegen. „Die Uniklinik, ein Stationsarzt will dich sprechen." Die Stimme am anderen Ende der Leitung will nur bestätigen, dass Frau Tillmann heute entlassen wird. Der Stationsarzt habe das mit dem Oberarzt besprochen.

„Na, das ist doch perfekt. Da wird sich die ganze Familie freuen. Vielen Dank", sage ich und verabschiede mich versöhnlich.

» Mein Kommentar: Der Mensch steht aktuell nicht im Mittelpunkt des ärztlichen Handelns!

Wir reden nicht erst seit dem neuen Jahrtausend vom mündigen Patienten. So wie ich von meinen Patienten erwarte, dass sie sich selbstständig um Vorsorgetermine und die regelmäßige Einnahme ihrer Medikamente kümmern, so kann man von uns Ärzten auch verlangen, dass wir die Wünsche und Ziele der Patienten respektieren und in den Mittelpunkt unseres Handelns stellen. Dieser Gedanke ist so banal und selbstverständlich und wird trotzdem so häufig ignoriert, dass mir eine Betonung an dieser Stelle wichtig erscheint. Denn Medizin ist schließlich kein Selbstzweck.

Fall 9: „Werden Sie mal nicht unsachlich, Frau Kollegin!"

Unseren Praxisalltag organisieren wir in unserem Praxis informationssystem über eine Liste, die wir intern F2 nennen. In der F2-Liste kann jeder Mitarbeiter sehen, wer im Wartezimmer oder im Labor Platz genommen hat, wer gerade ein EKG bekommt oder in einem der diversen Sprechzimmer auf den Arzt wartet. Eine Patientin verlässt gerade mein Sprechzimmer, sodass mein Blick anschließend in eben jene Liste geht, um zu schauen, was ich als Nächstes zu tun habe. Die Medizinischen Fachangestellten organisieren unseren ärztlichen Alltag. Sie haben den Überblick, schätzen ein, was dringend ist, besetzen die diversen Sprechzimmer und schicken uns auf diese Weise von Raum zu Raum und von Patient zu Patient. Ich soll als nächstes Maria Winkler anrufen. Sie steht als dringender Rückruf in der F2-Liste. Ihr Mann liegt meines Wissens im Krankenhaus, er wurde an einem Prostatakarzinom operiert. Das Ehepaar Winkler ist zwar jenseits der 80, aber eigentlich noch ganz rüstig, wie man so sagt. Auf Hilfe war bisher keiner der beiden angewiesen. Eine offene Prostataentfernung ist aber in dem Alter nicht ohne.

„Guten Tag, Frau Winkler! Was kann ich für Sie tun, und wie geht es Ihrem Mann?", eröffne ich das Gespräch. „Frau Dalhaus, ich weiß gar nicht, was ich machen soll. Sie wissen ja, Paul ist an der Prostata operiert worden. Das war alles sehr viel, und erholt hat er sich davon noch lange nicht. Er kommt noch ganz schlecht zurecht, schafft es kaum, aus dem Bett aufzustehen. Und jetzt soll er morgen entlassen werden. Ich weiß gar nicht, wie das gehen soll. Wir haben ja das Schlafzimmer im ersten Stock. Und er schafft nicht mal eine Stufe, geschweige denn eine ganze Treppe", schüttet Frau Winkler mir ihr Herz aus. Ich frage nach, ob sie denn schon mit dem Sozialdienst gesprochen habe, ob vielleicht eine Reha möglich sei. „Sozialdienst? Nein, das sagt mir nichts. Über eine Reha ist im Krankenhaus auch nichts gesagt worden."

Frau Winkler macht einen überforderten, verzweifelten Eindruck. Ich denke nicht, dass wir hier am Telefon weiterkommen. „Ich rufe mal im Krankenhaus an und melde mich wieder bei Ihnen", sage ich in einem möglichst beruhigenden Tonfall.

Über das urologische Sekretariat erreiche ich den zuständigen Oberarzt, der glücklicherweise gerade nicht im Operationssaal steht. Er bestätigt, dass die Entlassung von Herrn Winkler für morgen geplant ist. Meine Frage, ob eine Verlegung in die klinikinterne geriatrische Abteilung möglich wäre, wird von ihm sofort verneint. Ich schildere dem Kollegen die häusliche Situation und meinen Eindruck, dass der Patient nicht nach Hause entlassen werden kann, wenn vorher keine entsprechenden unterstützenden Vorkehrungen getroffen wurden. Der Oberarzt klärt mich auf, dass ich mich darum ja dann kümmern könne und seine Einrichtung schließlich kein

Pflegehcim sci. Resignierend und irgendwie auch fassungslos frage ich nochmals bei ihm nach: „Ganz ehrlich, Herr Kollege, hätten Sie auch so gehandelt, wenn der Patient Ihr Vater wäre?" Seine Antwortet kommt prompt und etwas zickig: „Nun werden Sie mal nicht unsachlich, Frau Kollegin." Damit ist unser Gespräch beendet.

» Mein Kommentar: Eine Handlungsmaxime nach dem Prinzip Verantwortung fehlt!

Offensichtlich ist die Vorstellung, Patienten so zu behandeln wie die eigene Familie, unsachlich und kein Maßstab, der heutzutage Gültigkeit besitzt. Ich finde das traurig und möchte an dieser Stelle am liebsten auf den Kantschen Kategorischen Imperativ verweisen, also ein durchaus geläufiges Prinzip, nach dem man moralisch richtige Handlungsentscheidungen treffen kann. „Handle nur nach derjenigen Maxime, durch die du zugleich wollen kannst, dass sie ein allgemeines Gesetz werde." So hat es Immanuel Kant in seiner Rolle als Philosoph und führender Kopf der Aufklärung einmal formuliert.

Ich frage mich schon: Wie wollen wir als Gesellschaft zusammenleben, wenn dieser eigentlich doch selbstverständliche Grundsatz nicht mal mehr in der Medizin gilt? Verschiedene Berufe beanspruchen für sich ein Berufsethos. Dies gilt wohl insbesondere für die ärztliche Branche. „Nihil nocere" bedeutet so viel wie: „Vor allem achte darauf, niemandem zu schaden!" Das steht als Grundsatz der hippokratischen Tradition im Mittelpunkt des moralisch geforderten ärztlichen Handelns. Doch dieser Leitgedanke wäre mir als Patient zu wenig. Die

Arzt-Patienten-Beziehung ist von Natur aus asymmetrisch, gekennzeichnet durch fachliche Kompetenz auf der einen und die Suche nach Hilfe in mitunter sogar existenzieller Not auf der anderen Seite. Dürften die Menschen daher eine Handlungsmaxime nach dem Prinzip Verantwortung erwarten? Ich denke schon. Mich trägt diese Handlungsmaxime, und sie treibt mich an. Klingt das altmodisch? Klingt das heute überholt, in einer Zeit, in der „Prozessoptimierung" als notwendige Überlebensstrategie definiert wird? Klingt das naiv in einer Zeit, in der „der menschliche Faktor" in erster Linie als Fehlerquelle wahrgenommen wird?

Ich hoffe nicht! Ärztliches Handeln heute basiert für mich auf dem Prinzip Verantwortung nach Hans Jonas. Das asymmetrische Beziehungsverhältnis zwischen Arzt (im Besitz von Wissen und Macht) und Patient (abhängig von dem wissenden Helfer) gelangt durch die ärztliche Verpflichtung gegenüber den Wünschen und Vorstellungen des Patienten wieder ins Gleichgewicht – vorausgesetzt, mögliche Zielvorstellungen wurden offen kommuniziert. Zumindest würde ich mir als Patient diese Handlungsmaxime wünschen.

Fall 10: „Sie wissen ja, wer es nötig hat"

Der Wunsch vieler Menschen ist es sicherlich, zu Hause zu sterben. Aus verschiedenen Gründen lässt sich das nicht immer realisieren. Auf dem Land, in größeren Familien, allerdings des Öfteren schon.

Ich habe Agnes Tebrügge immer ein wenig bewundert: Sie war eine starke Frau, eine beeindruckende Persönlichkeit. Jemand, der sie nicht kannte, hätte sie wohl als „altes

Mütterchen" bezeichnet. Klein, gerade mal 160 cm groß, zierlich, kaum 50 kg auf den Rippen, gebückte Haltung – aber mit einem ausgeprägten Willen und als Persönlichkeit ein klarer Kompass für sich und ihre Familie. In den ersten Jahren meiner Tätigkeit kam sie noch selbstständig in die Praxis – aber immer erst, wenn sie der Meinung war, dass es tatsächlich nötig und nicht mehr abwendbar war. Da war sie eine klassische westfälische Bäuerin mit einem großen Repertoire an Hausmitteln. Wenn ich die Idee hatte, dass Frau Tebrügge zweimal pro Woche für die Versorgung einer Wunde in die Praxis kommen sollte, hat sie nur den Kopf geschüttelt und gemeint, dass sei definitiv übertrieben und nicht notwendig. Also habe ich das so akzeptiert. Eine Frau, die den Krieg erlebt, in schwierigen Zeiten eine Familie durchgebracht und einen Hof aufgebaut und betrieben hat und immer wusste, was sie wollte – die braucht mich nicht für weise Ratschläge. „Oma hat die Familie zusammengehalten", wird der Enkel nach ihrem Tod sagen. „Was Oma gesagt hat, das galt. Sie hat gesagt, der alte Holzofen wird nicht abgeschafft, mit Holz kann man immer heizen, auch in schlechten Zeiten. Recht hat sie."

In den letzten Wochen und Tagen habe ich sie zu Hause besucht, die Möglichkeiten der Palliativmedizin mit ihrer Tochter besprochen und die Medikamente in der sogenannten Palliativbox erklärt. In der Box befinden sich Medikamente für alle möglichen Beschwerden, die am Ende eines Lebens auftreten können: Schmerzen, Angst und Luftnot beispielsweise. Das Palliativnetz in unserer Region hat das Konzept dieser Palliativbox etabliert, damit Patienten direkte Hilfe bekommen, auch wenn die Probleme in der Nacht und am Wochenende auftreten. Das gibt allen Beteiligten Sicherheit und nimmt Patienten und Angehörigen gleichermaßen viele Ängste.

Agnes Tebrügge hat ihre Bescheidenheit und Bodenständigkeit an ihre Kinder weitergegeben. Wie selbstverständlich ist sie im Kreise ihrer Familie friedlich eingeschlafen. Ohne Qual und erst, nachdem sich die gesamte Familie verabschiedet hatte. Sterben ist so individuell wie das Leben. Und wenn ich von Angehörigen gefragt werde, „wie lange es wohl noch dauert", kann ich diese Frage nie beantworten. Manche Menschen quälen sich und hängen bis zum letzten Atemzug am Leben. Agnes Tebrügge hatte abgeschlossen, war mit sich im Reinen und ist still in ihrem Bett auf ihrem Hof eingeschlafen. Einen Tag zuvor habe ich mich mit ihr noch übers Gärtnern unterhalten. Und sie hat mit großer Vehemenz den „Quatsch vom englischen Rasen" verurteilt. „Gänseblümchen aus dem Rasen entfernen und ihn mit so viel Wasser sprengen, dass davon eine Familie ein Jahr lang trinken könnte? Der Mensch ist nicht schlauer geworden", hatte sie im Tonfall tiefster Überzeugung von sich gegeben. Diese Generation wird uns fehlen, denke ich so bei mir, als ich keine 24 h später am Esszimmertisch sitze und den Totenschein ausfülle.

Auch die Familie beeindruckt mich: der jugendliche Enkel, der wie selbstverständlich Oma als Familienoberhaupt und moralische Instanz der Familie verehrt hat; die Tochter, die sich hingebungsvoll um ihre Mutter gekümmert und das Sterben zu Hause im Kreis der Familie ermöglicht hat; alle gemeinsam, mit ihrem Blick auf das Leben und das, was wichtig ist und wirklich zählt. Wir kommen ins Gespräch über die letzten Tage, über Agnes' Sterben und über den letzten Weg im Allgemeinen. Ich erzähle, dass es manchmal am Nötigsten fehlt. Die Krankenkassen bezahlen zum Beispiel einen Quartalsbedarf an Windeln und Inkontinenzhosen. Reicht dieser nicht aus, müssen die Patienten die Ausstattung selbst bezahlen – und das kann ganz schön ins Geld gehen.

Nicht jeder kann sich das ohne Weiteres leisten. Altersarmut hört ja nicht bei Pflegebedürftigkeit auf – im Gegenteil.

Die Familie gibt mir alles an restlichen medizinischen und pflegerischen Utensilien mit. Hier wird es nicht mehr gebraucht, und an anderer Stelle bestimmt. Ein wenig traurig verabschiede ich mich von den Tebrügges. Auch wenn ich gar nicht selbst betroffen bin: Diese Generation und Menschen wie Agnes sterben im wahrsten Sinne des Wortes aus – und das reißt eine Lücke in unsere Gesellschaft.

Einige Tage später erreicht mich ein Brief der Tochter, in dem sie sich für die Betreuung ihrer Mutter bedankt. Außerdem liegen 300 € in dem Umschlag: Ihr sei unser Gespräch nicht aus dem Kopf gegangen; ich würde in der Praxis ja viel von den Menschen mitbekommen und wissen, wer dieses Geld am nötigsten hätte.

Puh, ein dicker Kloß macht sich in meinem Hals breit, ich schlucke. Es sind Menschen und Begegnungen wie die mit Familie Tebrügge, die das Leben – und in diesem Fall mein Leben – sehr bereichern. In diesen Momenten empfinde ich meinen Beruf als ein großes Privileg und bin sehr dankbar, Agnes und ihre Familie kennengelernt zu haben. Natürlich darf ich als Ärztin gar kein Bargeld annehmen. Aber diese große Geste der Mitmenschlichkeit ignorieren und mit dem Hinweis auf geltendes Recht zurückweisen? Das erscheint mir einfach falsch. Mein Kollege und ich wissen schon nach kurzem Austausch, wer das Geld bekommen soll. Wir überlegen, wie wir das machen werden – denn jemandem Geld in die Hand zu drücken ist durchaus übergriffig und grenzverletzend. Aber mein Kollege Dirk ist da ein Kommunikationsprofi!

Es lässt mich nachdenklich zurück, wenn eine Familie, die nicht im Geld schwimmt, gibt, was sie kann. Und es ist ein großer Vertrauensbeweis, dass wir als Hausärzte es an den richtigen Empfänger bringen dürfen. Ich bin mir sicher: Unsere Gesellschaft braucht mehr Menschen wie die der Familie Tebrügge. Dann wäre schon eine ganze Menge erreicht. Du bist ganz schön naiv, liebe Laura, denke ich so bei mir. Ich weiß. Aber die Hoffnung stirbt bekanntlich zuletzt.

» Mein Kommentar: Gerade an den Grenzen menschlicher Existenz darf die Menschlichkeit nicht ins Hintertreffen geraten!

Der Mensch hofft, weil ihm bewusst ist, dass es eine Zukunft gibt. Das kann eine ungewisse und bedrohliche Zukunft sein, aber auch eine Zukunft, die Erfüllung verspricht. Im Alltag liegt beides oft eng beieinander. Die junge Mutter, die während der Schwangerschaft die Diagnose Brustkrebs erhalten hat, hofft; die Familie, deren Vater mit einem Herzinfarkt im Krankenhaus liegt, hofft. Hoffnung ist Vertrauen. Vertrauen auf die Fähigkeiten anderer Menschen und vielleicht auch Vertrauen in einen Gott. Vertrauen trägt, es motiviert und fordert auf – zum Miteinander. Aus einem solchen Urvertrauen lässt sich dann auch handeln und aktiv werden, eine Vision entwickeln, verändern und bewahren, lassen sich Konflikte lösen, lässt sich schließlich sogar trösten. Das ist meine Hoffnung.

Fall 11: Wohin mit Friedrich?

Friedrich Bergmann ist schon relativ früh an Demenz erkrankt und wird liebevoll im häuslichen Umfeld von der Ehefrau und seinem Sohn betreut. Bisher konnte er noch laufen, ist in Begleitung in die Praxis gekommen und konnte mit Unterstützung ein paar Stufen gehen. Nach einer Art epileptischem Anfall oder auch im Rahmen eines kleinen Schlaganfalls kommt er ins Krankenhaus. Dort verschlechtert sich sein Zustand massiv. An eine Mobilisation oder auch an selbstständiges Laufen ist nicht mehr zu denken. So ist die häusliche Versorgung kaum noch möglich. Frau Bergmann ruft mich an und ist ziemlich entsetzt darüber, in welchem Zustand ihr Mann nach Hause entlassen werden soll. Schließlich sei er bisher noch selbstständig gelaufen, jetzt liege er ausschließlich und relativ regungslos im Bett. Ich verspreche ihr, mit der Neurologie Kontakt aufzunehmen und mich dann noch mal zu melden.

Aus meiner Sicht macht eine Verlegung in die Geriatrie mehr Sinn. Am Telefon erreiche ich die Stationsärztin der Neurologie und teile ihr mit, dass der Patient vor dem Krankenhausaufenthalt noch selbstständig mobil war, es jetzt aber schwierig ist, ihn komplett bettlägerig zu entlassen. Ob vielleicht eine Verlegung in die Geriatrie möglich sei, stelle ich die Frage in den Raum. Am Nachmittag ruft mich die neurologische Oberärztin zurück. Wir kennen uns entfernt, und ich nehme an, sie will daher „die Wogen glätten". Ehrlich gesagt, gelingt ihr das nicht. Sie berichtet, die Geriater hätten eine Aufnahme abgelehnt und sie selbst hätten jetzt keinen neurologischen Behandlungsauftrag mehr. Ich schüttle innerlich den Kopf – als ob man es damit nun einfach belassen könnte. Direkt im Anschluss rufe ich also im Sekretariat der Geriatrie an. Der Chefarzt ist nicht zu sprechen. Ich bitte um Rückruf. Nein, das sei nicht möglich, der Chefarzt sei für mich nicht erreichbar.

Aha. Über die Gründe kann ich nur spekulieren. Zugegeben: Unsere Hausarztpraxis ist unangenehm für das Krankenhaus. Meine Kollegen und ich weisen auf

Fehler hin, medizinisch und organisatorisch, kritisieren
Briefe, in denen schlichtweg Blödsinn steht, und tun das
alles in der Hoffnung, dass sich die Qualität verbessert
und es jemanden interessiert. Ich muss es eindeutig
sagen: Wir gehen dem Krankenhaus auf die Nerven. Klar
machen wir uns damit auch angreifbar. Ich bin allerdings
überzeugt davon, dass gerade auch in der Medizin gilt:
Aus Fehlern kann und muss man lernen. Wenn die
Konsequenz davon ist, dass sich ein Chefarzt verleugnen
lässt, muss ich damit wohl oder übel leben.

Apropos aus Fehlern lernen und dafür selbst immer
wieder offen sein: Auch in meiner Patientenbehandlung
läuft nicht immer alles perfekt. Eine junge Brustkrebs-
Patientin mit kompliziertem Verlauf hat mich in einem
Sprechstundentermin einmal angesprochen: „Frau
Dalhaus, es fällt mir total schwer, aber ich muss Ihnen
das einfach mal sagen. Ich habe mich bei unserem letzten
Termin nicht gut und irgendwie abgefertigt gefühlt. Ich
weiß nicht, ob Sie an dem Tag im Stress waren, aber das
war kein gutes Gespräch, und das kenne ich sonst von
Ihnen anders." Im ersten Moment war ich etwas baff,
wusste dann aber sofort, was sie meinte. Und was soll ich
sagen: Ja, sie hatte recht, ich war im Stress gewesen und
bin ihr in dem Moment nicht gerecht geworden. „Ich finde
das gut, wichtig und richtig, dass Sie mir das sagen. Und
ja, Sie liegen mit Ihrer Einschätzung richtig. Ich möchte
mich dafür bei Ihnen entschuldigen." Es folgte ein gutes
Gespräch, das uns beiden positiv in Erinnerung geblieben
ist. Ich würde behaupten, unsere Arzt-Patienten-Beziehung
hat sich hierdurch eher vertrauensvoll verfestigt und
keinesfalls verschlechtert. Niemand ist fehlerfrei, und ich
bin immer sehr froh, wenn ich an anderen wachsen kann.

Ich bespreche den Fall Friedrich Bergmann mit
meinem Praxiskollegen, und der empfiehlt, Kontakt mit
dem neurologischen Chefarzt im benachbarten Kreis

aufzunehmen. Er hatte meinem Kollegen Hilfe angeboten, falls das irgendwann mal erforderlich sei. Das Angebot will ich gerne annehmen. Also ruft mein Kollege Dirk Wilmers im neurologischen Sekretariat an, lässt sich mit dem chefärztlichen Kollegen verbinden und schildert die Situation. Die Rückmeldung: Eine Aufnahme sei kein Problem. Wir bekommen einen Aufnahmetermin für den übernächsten Tag, und ich informiere Frau und Sohn Bergmann. Während des zweiten stationären Aufenthaltes wird die neurologische Medikation von Herrn Bergmann komplett umgestellt. Schließlich gelingt auch die Remobilisation: Die Bettlägerigkeit ist passé, die Entlassung nach Hause kein Problem.

» Mein Kommentar: Betriebswirtschaftliche Entscheidungen ste hen aktuell oft über einer medizinischen Beurteilung!

Wieder stelle ich mir die Frage, wie solch ein Verlauf sein kann und warum das so passiert. Ich unterstelle den Kollegen im ersten Krankenhaus und auch in der Geriatrie mit Sicherheit keine fachliche Inkompetenz. Das steht mir gar nicht zu – ich bin keine Neurologin und auch kein Geriater. Ist es mangelndes Engagement, weil die Kollegen so massiv überarbeitet sind und unter Personalnot und Patientenflut leiden? Ist der Kostendruck so massiv, dass die betriebswirtschaftliche Entscheidung über eine medizinische Entscheidung gestellt wird? Fragen sind in jedem Fall erlaubt, und eine Diskussion ist hier dringend notwendig. Denn auch im Hinblick auf die finanziellen Konsequenzen für die Krankenversicherung kann ein zweiter stationärer Aufenthalt in einer identischen Fachabteilung niemals erstrebenswert sein.

Fall 12: „Das kann ja jeder behaupten!"

Mein 81-jähriger Patient Raimund Rommel kämpft am Ende seines Lebens mit Tumorschmerzen, massivem Gewichtsverlust und Appetitlosigkeit. Herr Rommel war immer „ein ganzer Kerl", wie man im Münsterland sagt. Umschrieben werden damit in der Regel die Größe und Gewichtsklasse als anerkennendes Kompliment. Der „ganze Kerl" war früher Sportler und handwerklich geschickt, eben einer, den man in Haus und Hof oder bei einem Umzug gut gebrauchen kann. Umso schwerer fällt es Herrn Rommel, mitzuerleben, wie sein Körper ihm nach und nach den Dienst versagt. Das entspricht nicht seinem Selbstbild und erschwert die Krankheitsverarbeitung massiv. Dadurch verstärken sich die Symptome, und das Fortschreiten der metastasierten Lungenkrebserkrankung beschleunigt sich weiter. Eine Art Teufelskreis ohne gutes Ende. Aus dieser Abwärtsspirale wollte ich Herrn Rommel gerne befreien. Auch wenn eine Heilung nicht im Bereich des Möglichen liegt, bietet die Palliativmedizin diverse Optionen der Symptomlinderung, die dem Sterben die Grausamkeit nehmen.

Daher beschloss ich, für Herrn Rommel Cannabisöl zu rezeptieren. Was in Deutschland von den gesetzlichen Krankenkassen bezahlt wird und was nicht, regelt der Gemeinsame Bundesausschuss (G-BA), und die Verordnung von Cannabis ist seit 2017 möglich.

Was macht der G-BA?

Der Gemeinsame Bundesausschuss ist das oberste Gremium der gemeinsamen Selbstverwaltung der Ärzte, Zahnärzte und

Psychotherapeuten. Er wird gebildet aus Vertretern der Kassenärztlichen Bundesvereinigung (KBV), der Kassenzahnärztlichen
Bundesvereinigung (KZBV), der Deutschen Krankenhausgesellschaft (DKG) und dem GKV-Spitzenverband. Der G-BA
definiert den Leistungsanspruch der gesetzlich Versicherten.

Schwierig wird es immer dann, wenn Leistungen nur
unter bestimmten Voraussetzungen übernommen werden
können. In der Presse ist dann zwar eine Schlagzeile wie
„Cannabis jetzt auf Rezept" zu lesen. In der Praxis heißt
das aber noch lange nicht, dass jetzt jeder Arzt einfach
ein Rezept mit Cannabisöl aufschreiben kann, wie beispielsweise beim starken Schmerzmittel Ibuprofen 800.
Der Antrag ist so aufwendig, dass er an sich schon die
Rezeptierung verhindert. Im Schreiben der Techniker
Krankenkasse werde ich auch nach der Studienlage
gefragt, mit der ich meine Entscheidung begründe.

Zwar reden wir bei Cannabisöl nicht einmal von
horrenden Kosten, trotzdem hat es der Medizinische
Dienst (MD) geschafft, die Kostenübernahme für Raimund
Rommel in einem achtseitigen Gutachten abzulehnen. Das
sozialmedizinische Gutachten führt auf diesen acht Seiten
diverse Studien an und begründet die Ablehnung damit,
dass „aufgrund der spärlichen Daten keine Empfehlung
für den bevorzugten Einsatz von Cannabinoiden bei
Tumorschmerzen gegeben" werden könne. Mehr noch:
„Hinsichtlich einer Gewichtsveränderung konnte kein
signifikanter Unterschied eruiert werden."

Ich frage mich, warum der G-BA Cannabis überhaupt
zugelassen hat, wenn es doch dafür laut MD gar keine
Grundlage gibt. Warum hat der G-BA eine prinzipielle
Kostenübernahme mit den Indikationen Tumorschmerz
und Untergewicht abgesegnet? Kennt der MD andere
Studien als der G-BA? Für mich ist das Prozedere nicht
nachvollziehbar. Das Gutachten empfiehlt eine Schmerz-

therapie für Herrn Rommel nach dem Schema der WHO (World Health Organization). Ich blättere durch die Krankenakte. Was wir nicht alles im Vorfeld schon ausprobiert haben: Bereits vor vier Monaten habe ich mit dem WHO-Konzept angefangen. Das ist für mich selbstverständlich, bevor ich schwierige Alternativen auslote. Manchmal kommt es mir so vor, als ob die Fachleute bei den Krankenkassen und die Kollegen beim MD wohl meinen, ich hätte meine medizinische Ausbildung im Lotto gewonnen und mir im Antrag auf Kostenübernahme (der übrigens auch auf mehreren Seiten ausformuliert ist und einiges an Zeit und Aufwand gekostet hat) einfach mal was ausgedacht.

Könnte sich ein MD-Kollege oder beispielsweise ein Mitarbeiter der Techniker Krankenkasse (TK), bei der Herr Rommel versichert ist, nicht selbst mal in so eine Lage hineinversetzen? Wie würde es sich anfühlen, wenn sich einer ihrer Angehörigen gerade in größter Not befindet und dann ein derartiges Schreiben seiner Krankenkasse erhält? Offensichtlich kann keiner dieser „Schreibtischmediziner" mal durch die Brille des Patienten blicken. In einer derartigen Situation erwarte ich eine unbürokratische Hilfe seitens der Krankenkasse. Für alles andere fehlt mir das Verständnis.

Ich möchte mit dieser Fallschilderung aber nicht speziell die TK an den Pranger stellen. Ganz ähnlich gelagerte Beispiele gibt es auch im Zusammenhang mit anderen Krankenkassen.

Ich erinnere mich gut an meinen Patienten Otto Heinemann, bei dem wir 2015 den Versuch unternommen hatte, eine Kostenübernahme für den Cholesterinsenker Crestor (Wirkstoff Rosuvastatin) zu erwirken. Heutzutage gehört diese Medikation zum Standard. 2015 gab es allerdings noch kein Generikum, was die Verordnung unmöglich machte. Nun verhält es sich mit den sogenannten Cholesterinsenkern (Statinen) im Hinblick auf unerwünschte Arzneimittelwirkungen nicht ganz einfach. Cholesterinsenker dienen dazu, bei entsprechendem Risikoprofil die Wahrscheinlichkeit für einen Herzinfarkt oder Schlaganfall zu reduzieren. Schließlich weiß man, dass ein hohes LDL-Cholesterin-Niveau die Gefäße verstopft und an den Organen zu Durchblutungsstörungen führt. Die Statine senken das LDL-Niveau und reduzieren auf diese Weise das Risiko für ein verstopftes Gefäß in Herz und Hirn. Diese Präparate können aber zu Muskelschmerzen führen, die eine regelmäßige Einnahme unmöglich machen.

Ein Wort zum LDL-Cholesterin
Vereinfacht wird Cholesterin in ein „gutes" und ein „schlechtes" Cholesterin unterteilt. Das „schlechte" LDL-Cholesterin ist für Arteriosklerose, also verstopfte Gefäße, verantwortlich. Das „gute" HDL-Cholesterin wirkt dagegen gefäßschützend. Einen hohen HDL-Cholesterin-Wert erreicht man durch den Verzehr von Leinsamen, Nüssen, Olivenöl, Rapsöl und fettigen Fischen wie Lachs und Makrele.

Otto Heinemann, der 2015 in unserer Praxis auftauchte, war damals 43 Jahre alt, Fensterbauer und wies familiär bedingt schlechte LDL-Cholesterin-Werte auf. Sein Vater litt ebenfalls unter erhöhten LDL-Werten und hatte bereits einen Herzinfarkt hinter sich. Herr Heinemann ist seit der Erfahrung mit seinem Vater überzeugter Nichtraucher und normalgewichtig. Trotzdem leidet er aufgrund seiner genetischen Prädisposition unter zu hohen Cholesterinwerten und war daher zwingend auf ein Statin angewiesen. Er erhielt eine Musterpackung Simvastatin, die ein Pharmareferent dagelassen hatte. Einige Wochen später stellte sich Herr Heinemann wieder in der Sprechstunde vor und beklagte massive Muskelschmerzen, die seine Arbeit als Fensterbauer unmöglich machten. Diese unerwünschte Wirkung der Statine ist bekannt und gut belegt. Also unternahm er einen Auslassversuch mit dem Präparat, um festzustellen, ob dieser Wirkstoff wirklich der Übeltäter in Bezug auf seine Muskelschmerzen war. Und tatsächlich: Kaum hatte der Patient das Mittel ausgelassen, waren zwei Tage später die Muskelschmerzen Geschichte. Also wechselten wir auf einen anderen Cholesterinsenker: Atorvastatin, gleiche Medikamentengruppe, anderer Wirkstoff – mit identischem Ergebnis. Wieder klagte der Handwerker über massive Beschwerden in allen Extremitäten.

Ein Pharmavertreter hatte eine Probepackung mit dem neuen Wirkstoff Rosuvastatin (Handelsname Crestor) mitgebracht. Es bot sich also an, den neuen Cholesterinsenker, der im Jahr 2015 nur als Crestor und noch nicht als Generikum rezeptiert werden konnte, zu testen. Mit Erfolg – die Muskelschmerzen blieben bei Herrn Heinemann aus. Die Kosten für Crestor wurden zu diesem Zeitpunkt nicht von den gesetzlichen Krankenkassen übernommen. Daher beantragten wir eine Ausnahmegenehmigung bei der Innungskrankenkasse (IKK) und schilderten entsprechend den Verlauf. Der Schriftverkehr mit der IKK macht mich bis heute fassungslos. Wir wurden darauf hingewiesen, dass es verboten sei, den Patienten Arzneimittelmuster zu verabreichen. Auch – so die Botschaft der IKK – könne ja jeder behaupten, er habe unter Nebenwirkungen gelitten. Außerdem müsste im Fall der genannten Nebenwirkung in Form von Muskelschmerzen eine CK-Erhöhung messbar sein. Gemeint ist damit das Enzym Creatinkinase, das freigesetzt und im Blut messbar wird, wenn Muskelzellen zerstört werden. Erhöhte Werte der CK-Aktivität im Blut deuten also darauf hin, dass irgendwo im Körper eine Schädigung der Muskulatur aufgetreten ist. Aus meiner Sicht ist das medizinischer Quatsch, denn entscheidend sind die

Beschwerden, in diesem Fall also die Muskelschmerzen des Patienten, und nicht die Frage, ob Muskulatur auch wirklich zerstört wurde oder gerade wird. Oder soll ich nach Ansicht der Krankenkassen dem Patienten sagen: „Ihre Schmerzen bilden Sie sich nur ein, im Blut kann man nichts feststellen. Also nehmen Sie bitte weiter das Medikament!" Wohl eher nicht. Wir behandeln als Ärzte schließlich Patienten und keine Laborwerte! Und ich als Hausärztin will und muss handlungsfähig sein und bleiben!

Die beschriebenen Muskelschmerzen beim Einsatz von Statinen waren auch 2015 schon hinlänglich bekannt. Als Krönung empfinde ich die Unterstellung seitens der IKK, dass die Fallschilderung nicht der Wahrheit entspräche – das ist eine echte Anmaßung. Auch ein seitenlanger Schriftverkehr mit der Krankenkasse konnte am Ergebnis leider nichts ändern: Die Kosten für Rosuvastatin wurden von der IKK nicht übernommen. Der Patient hat, weil es ihm finanziell glücklicherweise möglich war, das Medikament dann selbst bezahlt. Andernfalls hätte er auf ein Statin verzichten müssen und heute mit an Sicherheit grenzender Wahrscheinlichkeit schon den ein oder anderen Herzinfarkt hinter sich.

Dass Krankenkassen mir als Hausärztin unterstellen, ich würde lügen und falsche Einschätzungen vornehmen, gehört leider zum Praxisalltag. Ein weiterer Fall, bei dem ich so etwas erlebt habe, war bei meinem Patienten Kevin Stachowski. Der damals 28-Jährige gehört nicht zu den Menschen, die über eine große Lobby in unserer Gesellschaft verfügen. Herr Stachowski ist ein großer Schlaks mit schlechter Körperhaltung, er trägt Basecap und Baggy Pants, die eigentlich seit Ende der 1990er-Jahre nicht mehr modern sind. Er hat einen Hauptschulabschluss, bisher allerdings keine abgeschlossene Berufsausbildung, und finanziert sein Leben mit Hilfsarbeitertätigkeiten und Gelegenheitsjobs auf dem Bau und im Nachtdienst an einer Tankstelle. Sicherlich hat er in der Vergangenheit nicht immer die richtigen Entscheidungen getroffen, jedoch strengt er sich an, ein unabhängiges Leben zu führen und seine Existenz im Rahmen seiner Möglichkeiten abzusichern. Dies gelingt ihm gut. Und das verdient Respekt.

Herr Stachowski hatte sich bei privaten Bauarbeiten im Februar 2020 mit einer Kreissäge in die Hand geschnitten und musste operiert werden. Die OP war aufwendig, der Heilungsverlauf erwartungsgemäß langsam. Entsprechend lange war eine Arbeitsunfähigkeit gegeben, denn auf dem Bau kann man mit einer nicht einsatzfähigen Hand schlichtweg nicht arbeiten. Physio- und Ergotherapie waren ebenfalls langwierig, jedoch von Erfolg gekrönt. Bis die Hand auf dem Bau wieder einsatzfähig war, verging ein halbes Jahr.

Leider zog sich Herr Stachowski im Verlauf seiner Genesung zwei Bandscheibenvorfälle im Bereich der Lendenwirbelsäule zu. Das fiel wohl einfach in die Kategorie „Pech gehabt". Wahrscheinlich spielten genetische Faktoren, seine Körpergröße und die Inaktivität eine Rolle.

Der Orthopäde riet zwischenzeitlich sogar zur OP. Gemeinsam mit dem Patienten entschieden wir uns vorerst für ein konservatives Vorgehen mit Physiotherapie. Als die Hand nach etwa sechs Monaten wieder hergestellt war, folgte eine weitere Arbeitsunfähigkeit aufgrund der Bandscheibe. Die Barmer Krankenkasse wurde nach diesen acht Monaten offensichtlich skeptisch, zweifelte meine Bescheinigung der Arbeitsunfähigkeit von Herrn Stachowski an und informierte den Patienten, dass der Medizinische Dienst (MD) nach Aktenlage entschieden habe, er könne ab November wieder arbeiten. Wohlgemerkt, der MD urteilte in dieser Zeit aufgrund der Corona-Pandemie ausschließlich nach Aktenlage, da man den ärztlichen Kollegen offensichtlich keinen Patientenkontakt zumuten konnte. Nur komisch, dass das in Arztpraxen und Krankenhäusern kein Thema war.

Völlig verzweifelt legte mir Herr Stachowski das Schreiben der Barmer vor. Ich versprach, mich einzuschalten, und rief die Krankenkasse an. Auch für uns als Ärzte funktioniert das wie für Versicherte und ist somit ausschließlich über eine 0800er-Nummer möglich – was im Umkehrschluss mehrere Versuche, viel Geduld und vor allem zeitlichen Aufwand bedeutet. Ich schilderte einer Mitarbeiterin die Situation. Sie meinte, der MD habe so entschieden, und damit sei alles klar. Ich entgegnete: „Der behandelnde Orthopäde bescheinigt Herrn Stachowski eine Arbeitsunfähigkeit, die behandelnde Hausärztin ebenso, und der Einzige, der den Patienten nicht persönlich untersucht hat, nämlich der MD-Kollege, hält unsere Einschätzungen für Quatsch. Das müssen Sie mir bitte erklären. Soweit ich weiß, hat der Patient einen Anspruch darauf, persönlich und nicht nach Aktenlage begutachtet zu werden. Ich schließe ja derzeit auch nicht meine Praxis zu und beurteile die Menschen auf Grundlage von Notizen, sondern schaue sie mir live an." Die Barmer-Mitarbeiterin antwortete recht schnippisch: „Sie haben sich den Job selbst ausgesucht, und eine persönliche Begutachtung findet aktuell nicht statt. Der Patient ist vom MD gesundgeschrieben und fertig." Wir kamen in diesem Gespräch erwartungsgemäß nicht mehr zueinander. Der Orthopäde und ich legten Widerspruch ein, und Herr Stachowski erhielt weiterhin eine fachärztliche Arbeitsunfähigkeitsbescheinigung. Das akzeptierte die Barmer dann irgendwann auch und zahlte das Krankengeld weiter, auf das der Patient zwingend angewiesen war.

» Mein Kommentar: Ein Nicht-Facharzt darf nach Aktenlage entscheiden, ohne den Patienten zu kennen!

Wir Hausärzte bescheinigen alles Mögliche, da man in Deutschland für quasi alles eine Bescheinigung braucht. Vieles davon ist ehrlich gesagt überflüssig und müsste eigentlich unter der Prämisse „Der Patient hat mir gesagt, dass …" formuliert werden. Denn auch ich muss dem Patienten seine Angaben glauben und kann nicht alles mit diagnostischen Mitteln überprüfen. Auch bin ich kein Experte für Orthopädietechnik, wenn mich die Versicherung nach Winkeln für die Rückenlehne eines Multifunktionsrollstuhls befragt. Wenn es dann aber wichtig wird, kommt es nicht selten vor, dass Krankenkassen einfach mal davon ausgehen, unsere Beurteilung sei falsch, ohne den Patienten zu kennen. Als Ernährungsmedizinerin, die regelmäßig Gutachten für Adipositas-Operationen verfasst, kann ich ein Lied davon singen.

Derartige Unterstellungen empfinde ich als anmaßend, zumindest wenn ein Nicht-Facharzt nach Aktenlage entscheidet. Und das tun MD und Krankenkassen, ohne den Patienten persönlich zu kennen oder zumindest einmal vor Ort in Augenschein genommen zu haben. Als Hausärztin, die sich mit den Menschen auseinandersetzt und viel Wert auf eine persönliche Begutachtung der Situation legt, um eine individuelle Diagnose stellen zu können, empfinde ich ein solches Vorgehen als äußerst unprofessionell.

Fall 13: „Das hätte ich bezahlen müssen"

Kerstin Vollmer wartet schon im Sprechzimmer auf mich. Die schlanke 28-Jährige ist keine Arztgängerin, wie man so sagt. In der Regel kuriert sie Erkältungen ohne ärztliche Unterstützung aus, hat offensichtlich einen Arbeitgeber, der nicht für jeden Fehltag eine Arbeitsunfähigkeitsbescheinigung benötigt, und ist darüber hinaus kerngesund, wie man es in ihrem Alter auch erwartet. „Hallo, Frau Vollmer", begrüße ich meine Patientin. „Was führt Sie zu mir? Was kann ich für Sie tun?"

Da ich mich nie entscheiden konnte, welche dieser beiden Fragen der bessere Einstieg in ein Arzt-Patienten Gespräch ist, bin ich irgendwann dazu übergegangen, einfach beide Fragen direkt hintereinander zu stellen – in der Hoffnung, damit den Patienten ausreichend Raum für ihr Anliegen anzubieten. So eröffne ich auch heute mit meinem persönlichen Fragestandard das Gespräch.

„Ich habe seit einer guten Woche Bauchschmerzen, die ich so nicht kenne", antwortet Frau Vollmer. Automatisch denke ich an sämtliche Differenzialdiagnosen, die infrage kommen. Doch die Anamnese nach Ort, Art, Charakter, Auslöser und Dauer der Schmerzen liefert zunächst wenig Hinweise. Eher linker Unterbauch, aber das könne sie gar nicht so genau sagen. Die Untersuchung bestätigt einen Druckschmerz in diesem Bereich. Ich bitte die Patientin um eine Urinprobe und vereinbare mit ihr für den folgenden Morgen einen Termin zur Blutentnahme und zur Ultraschalluntersuchung, da beides im nüchternen Zustand deutlich aussagekräftiger ist. Die Urinuntersuchung ist unauffällig. Am Folgetag haben sich die Beschwerden nicht verändert, der Ultraschall liefert auch keine Auffälligkeiten, sodass wir noch die Blutergebnisse am nächsten Tag abwarten. Diese sind jedoch ebenfalls unauffällig. Ich rufe Frau Vollmer an, um die Ergebnisse mit ihr zu besprechen: „Die Werte der Blutuntersuchungen sind komplett in Ordnung, der Ultraschall war ja auch unauffällig, sodass ich jetzt festhalten muss, dass wir für die linksseitigen Unterbauchschmerzen bis dato keine Ursache gefunden haben. Differenzialdiagnostisch sollten wir unbedingt an eine gynäkologische Ursache denken, wie zum Beispiel eine Eierstockzyste. Daher empfehle ich, dass Sie das gynäkologisch abklären lassen." So verbleiben wir.

Drei Tage später stellt sich Frau Vollmer erneut bei mir vor: „Die gynäkologische Untersuchung hat nichts ergeben", berichtet sie. Ich frage nach: Auch der vaginale Ultraschall nicht? „Der wurde nicht gemacht. Das hätte ich bezahlen müssen", entgegnet die Patientin. Ich stutze: Wie bitte? Wieso das denn?

„Ja, der Ultraschall würde von der Kasse nicht bezahlt, wurde mir gesagt." Wie frech ist das denn, denke ich im ersten Moment fassungslos und sortiere dann laut meine Gedanken: „Frau Vollmer, im Rahmen einer reinen Vorsorgeuntersuchung wird der Ultraschall in der Tat nicht von den gesetzlichen Krankenkassen bezahlt. Aber Sie haben ja Beschwerden, das hat mit Vorsorge gar nichts zu tun!" Währenddessen stelle ich eine Überweisung mit folgendem Text aus: „Verdacht auf Ovarialzyste, Vaginal-Sono und Bericht erbeten." Ich bitte meine

Patientin, sich noch einmal mit dieser Überweisung in der gynäkologischen Praxis zu melden und mich anzurufen, wenn es Probleme geben sollte. Ich gehöre eigentlich nicht zu den Hausärzten, die Fachärzte mit einer „Auftragsüberweisung" einschränken. Allerdings erwarte ich schon, dass eine entsprechende fachärztliche Diagnostik erfolgt, wenn sie denn indiziert ist. Und tatsächlich: Eine Zyste am Eierstock bestätigt sich im gynäkologischen Ultraschall, und da die Patientin anhaltende Beschwerden hat, wird sie sich nun zur Frage und gegebenenfalls Planung einer Bauchspiegelung in einem gynäkologischen OP-Zentrum vorstellen.

» Mein Kommentar: Krankheit hat einen Wert, Gesundheit offenbar nicht!

Offenbar muss hier die Frage gestellt werden, in welcher Höhe einzelne Leistungen bezahlt werden und ob dies kostendeckend ist oder nicht. Denn das Vorgehen des gynäkologischen Kollegen hat offensichtlich einen Grund. Es ist naheliegend, dass ich mich über den Kollegen ärgere, der eine unvollständige Untersuchung abliefert, obwohl eine Indikation besteht. Nichtsdestotrotz muss die Diskussion erfolgen, warum es in unserem System zu derartigen Auswüchsen kommt. Fakt ist, dass die Vergütung ärztlicher Leistungen mit der Kostenentwicklung nicht einmal im Ansatz Schritt halten kann. Von Kostendeckung kann dabei nicht mehr die Rede sein, wie folgende Tabelle veranschaulicht:

Jahr	2009	2012	2015	2018	2022	Differenz
Zahlung der GKV für einen vaginalen Ultraschall in €	14,00	14,00	14,00	14,00	14,65	+4,6 %
Tariflohn MFA (Tätigkeitsgruppe 2, 4.–8. Berufsjahr, in €	1.632,00	1.723,00	1.964,72	2.152,35	2.510,91	+53 %

(Quellen: Hermanns & Filler, 2009; KBV, 2022; Bundesärztekammer, o. J.)

Dabei muss diese Tabelle richtig verstanden werden. Unsere Medizinischen Fachangestellten leisten Großartiges in der Praxis, und die entsprechenden Lohnsteigerungen waren mehr als überfällig. Jedoch muss der Arzt eine Chance haben, diese Lohnsteigerungen auch zu bezahlen. Wird ein vaginaler Ultraschall im Jahr 2009 mit 14,00 € vergütet und im Jahr 2022 mit 14,65 €, dann gleicht das nicht einmal die Inflation aus. Selbst wenn ich das Vorgehen des gynäkologischen Kollegen für fragwürdig halte, versuche ich die Situation doch auch durch seinen Blickwinkel zu betrachten: Vielleicht kämpft er um das finanzielle Überleben seiner Praxis und fühlt sich gezwungen, zu solchen Mitteln zu greifen. Die Forderung nach einer angemesseneren Vergütung ärztlicher Leistungen empfinde ich anhand dieser Zahlen nicht gerade als unverschämt. In den Verhandlungen zur Vergütung ärztlicher Leistungen im Jahr 2022 haben die Krankenkassen tatsächlich wieder eine „Nullrunde" angeboten.

Blickt man auf die Gesamtzusammenhänge, taucht bei mir eine zentrale und logische Frage auf: Wie kann es sein, dass Private Equity unser Gesundheitssystem als Investitionsmodell entdeckt hat und fleißig Gewinne mit lukrativen Erkrankungen und entsprechender Diagnostik abschöpft, während eine umfassende Grundversorgung nicht mehr gewährleistet ist? Da läuft doch einiges wahrhaftig völlig falsch, meine ich. Denn das ganze Geld kommt schließlich aus ein und demselben Topf und kann auch nur einmal ausgegeben werden. Die Entscheidung, wofür jeder einzelne Euro ausgegeben wird, orientiert sich aber offenbar nicht mehr am Wohl des Patienten, sondern an vom gesunden Menschenverstand nicht mehr nachvollziehbaren wirtschaftlichen Kennzahlen. Zu diesen für die gesetzlichen Krankenversicherungen wichtigen Kennzahlen gehört der morbiditätsorientierte Risikostrukturausgleich (Morbi-RSA). Im Rahmen dieses Strukturausgleichs erhalten die gesetzlichen Krankenversicherungen für Patienten mit bestimmten chronischen Erkrankungen wie zum Beispiel Diabetes mellitus eine Ausgleichzahlung. Bestimmte, definierte, chronische Erkrankungen werden auf diese Weise für die gesetzlichen Krankenversicherungen zu einer finanziellen Einnahmequelle.

So wie es also aufseiten der Leistungserbringer Krankheiten gibt, die sich finanziell „lohnen", gibt es diese auch aufseiten der Krankenversicherungen.

Das ist für den Patienten kaum noch zu verstehen.

Fall 14: „17.000 € für vier Wochen Leben"

Meine berufliche Laufbahn begann im Sommer 2009 im Herz-Jesu-Krankenhaus in Münster in der Allgemein- und Viszeralchirurgie unter der Leitung von Prof. Rüdiger

Horstmann. Immer montags um 17 Uhr erfolgte die wöchentliche interdisziplinäre Tumorkonferenz, in der Patienten mit verschiedenen Krebsdiagnosen vorgestellt wurden. In dieser Beratungsrunde, neudeutsch „Tumorboard" genannt, wurden die individuellen Behandlungspläne aus Operation, Strahlen- und Chemotherapie erarbeitet. Ich fand diese Tumorkonferenzen immer interessant, da hier nicht nur unsere allgemein-chirurgischen Patienten mit Magen-, Darm- oder Bauchspeicheldrüsentumoren diskutiert wurden, sondern auch Patienten mit gynäkologischen, urologischen oder hämatoonkologischen Erkrankungen wie Leukämien und Lymphomen vorgestellt wurden. Und gerade in meiner allerersten Tumorkonferenz wurde eine ethisch extrem spannende Frage diskutiert: Der Chef hatte notfallmäßig die 78-jährige Patientin Eva Heming mit einem Darmverschluss operiert. Als Ursache stellte sich ein Dickdarmkarzinom heraus. Die OP war erfolgreich verlaufen, in der anschließenden Diagnostik zeigten sich – bis auf einen fraglichen Lymphknoten – keine Metastasen. Allerdings erholte sich die Patientin nur langsam von dem großen Notfalleingriff. Nun stellte sich die Frage nach einer weiteren Behandlung im Sinne einer Chemotherapie. Die Untersuchungsergebnisse des Pathologen lagen bereits vor, und es zeigte sich, dass der Tumor geeignet schien für eine Therapie mit dem neuen Antikörper „Panitumumab", der im vergangenen Jahr die Zulassung erhalten hatte.

Neben der nicht ganz einfachen medizinischen Frage, ob die Patientin von dieser Behandlung profitieren würde, stellte sich die heikle Frage nach der wirtschaftlichen Verantwortbarkeit im Sinne der Solidargemeinschaft. „Die Patientin käme prinzipiell in Betracht für eine Behandlung mit dem neuen Antikörper, der zur Therapie beim Kolonkarzinom im letzten Jahr zugelassen wurde. Jedoch müssen wir – glaube ich – auch den Blick auf die ökonomische

Verantwortbarkeit richten, denn ein medizinischer Nutzen für diese Patientin ist nicht sicher", druckste der Onkologe während seiner Schilderung herum. Warum er sichtlich mit dieser Fragestellung rang, lag an folgenden Fakten: Die Studienergebnisse zu „Panitumumab" zeigten einen signifikanten Überlebensvorteil von mindestens vier bis zwölf Wochen. Das Therapieregime sah dabei alle zwei Wochen eine Infusion vor, wobei sich die Therapiekosten auf etwa 17.000 € pro Monat beliefen. Der Onkologe fasste also zusammen: „Letztlich stellt sich hier die Frage nach 17.000 € für vier Wochen Leben, wobei wir nicht wissen, ob und inwieweit sich die 78-jährige Patientin von der OP plus Chemotherapie erholt."

Sehr schwierig. Die Tumorkonferenz verlagerte das Problem, indem sie entschied, zunächst den weiteren Heilungsverlauf der Patientin abzuwarten und die Frage zu einem späteren Zeitpunkt möglicherweise erneut zu diskutieren.

》 Mein Kommentar: Die begrenzten finanziellen Mittel der Solidargemeinschaft müssen verantwortungsbewusst und wirtschaftlich eingesetzt werden.

Dieser Fall zeigt gleich mehrere Aspekte. Über die Frage, wie viel eine Arzneimitteltherapie kosten darf, wird immer mal wieder diskutiert, wenn eine neue Therapie zugelassen wird und die kaum nachvollziehbaren, unfassbar hohen Therapiekosten zu Lasten der Solidargemeinschaft gehen sollen. Zuletzt erfolgte diese Diskussion im Jahr 2017, als erstmalig eine medikamentöse Behandlung der Hepatitis

C mittels „Sofosbuvir" möglich wurde. „Was darf ein Leben kosten?", fragte der Journalist Thomas Kruchem in diesem Zusammenhang im Deutschlandfunk (Kruchem, 2017). Eine Behandlung über zwölf Wochen kostet bis zu 60.000 € und wird von den gesetzlichen Krankenkassen bezahlt. Allen Beteiligten fallen Diskussionen zu diesem Thema schwer, stellt sich doch die simple Frage: Wie viel darf ein Menschenleben kosten? Angesichts explodierender Kosten in unserem Gesundheitssystem muss diese Frage aber unbedingt gestellt und gesellschaftlich diskutiert werden, wenn wir eine verlässliche medizinische Versorgung für alle auch in Zukunft sicherstellen wollen.

Grundsätzlich ist das ein schwieriges Thema, dem die Gesellschaft gerne ausweicht. Auf der einen Seite sträubt sich nachvollziehbarerweise jeder dagegen, dem Leben einen Geldwert gegenüberzustellen. Dies erscheint im höchsten Maße unethisch. Auf der anderen Seite ist es geboten, die begrenzten finanziellen Mittel der Solidargemeinschaft verantwortungsbewusst und wirtschaftlich einzusetzen. Auch dazu sind wir als Ärzte und notwendigerweise auch jeder Patient als Beitragszahler und Teil der Solidargemeinschaft verpflichtet. Unzweifelhaft bedarf jeder Fall einer höchst individuellen Beurteilung und genauen Prüfung.

Ich habe jedoch den Eindruck, dass alle Beteiligten – Patienten wie Ärzte und in der Konsequenz auch Politiker – sich dieser gesellschaftlich notwendigen Diskussion entziehen. Hier müssen Scheuklappen abgelegt werden, wenn wir angesichts teurer hochtechnisierter Medizin und hoher Kosten für innovative Arzneimittel eine angemessene Versorgung für alle Patienten verfügbar und damit auch bezahlbar machen wollen. Ohne eine ehrliche Diskussion, was die Solidargemeinschaft an medizinischer Versorgung zur Verfügung stellen kann und soll, wird eine zukünftige Sicherung eben dieser

Versorgung unmöglich sein. Diese Ehrlichkeit ist aus meiner Sicht angesichts der Realität begrenzter Ressourcen geboten. Umso unverständlicher ist mir, dass der Einstieg von Private Equity im Gesundheitssystem gefordert wurde und nach wie vor gefördert wird – was im Endeffekt dazu führt, dass lukrative Gesundheitsleistungen Gewinne abwerfen, die privatisiert werden, und die Grund- und Notfallversorgung unter einem eklatanten Finanzierungsmangel leidet, dessen Verluste die Solidargemeinschaft trägt. Für mich ist es vollkommen unverständlich, dass manche Krankheiten einen „Wert" besitzen und andere zu „Verlusten" führen. Die Aufgabe einer Gesundheitsversorgungen besteht doch darin, Patienten zu behandeln und nicht „Krankheiten zu versorgen". Die „Rosinenpickerei", sich auf „lukrative" Erkrankungen zu fokussieren und alles andere zu ignorieren, muss aufhören.

Drei Fragen an Simone Borchardt, MdB, Gesundheitsausschuss

1. Hat Moral in unserer Gesundheitsversorgung noch einen Platz?

Zweifellos! Das muss auch unser ständiger Anspruch sein! Durch den hohen Ökonomisierungsgrad unseres Gesundheitswesens gewinnt die geschäftliche Tätigkeit häufig Überhand. Da kommen einem zu recht manchmal Zweifel, ob Moral immer noch einen festen Platz in unserer Gesundheitsversorgung hat. Ethisch-moralische Leitprinzipien sind für die meisten Menschen überhaupt erst die Motivation dafür, einen medizinischen Beruf zu ergreifen. Umso gravierender ist es für die Beschäftigten im Gesundheitswesen, wenn man den eigenen hohen beruflichen Ansprüchen an Ethik und Moral aufgrund schlechter werdender Rahmenbedingungen dauerhaft nicht mehr gerecht werden kann. Wenn das Vertrauen der Gesellschaft dahingehend verloren geht, dass in der Medizin und in der Pflege nicht nach höchsten moralischen Standards gehandelt wird, das wäre ein katastrophaler Vertrauensverlust. Es geht also in erster Linie um die Verbesserung der Arbeitsbedingungen, wovon die Bezahlung ein wichtiger, aber nicht der entscheidende Aspekt ist. Des Weiteren benötigen wir ein neues Anreizsystem, damit ökonomische Erwägungen eben nicht mehr so häufig die Überhand gewinnen.

2. **Halten Sie das System in seiner jetzigen Form für reformierbar oder braucht es aus Ihrer Sicht einen Systemwechsel?**

Wir haben in Deutschland eine sehr gute gesundheitliche Versorgung. Ein „weiter so wie bisher" wäre aber angesichts der weitreichenden strukturellen Defizite in der Versorgung in nahezu allen Bereichen der falsche Weg. Die Handlungsfelder für Reformen wären aus meiner Sicht: die Aufgabenteilung zwischen Bund und Ländern. Ebenso gilt es, die klinischen und ärztlichen Versorgungslücken gerade außerhalb der Ballungsräume mit einem Fokus auf mehr Ambulantisierung in ländlichen Regionen auch durch digitale Lösungen schließen. Bei den gesetzlichen Krankenkassen braucht es neben der langfristigen finanziellen Stabilität mehr Wettbewerb. Wir müssen die Überregulierbarkeit abbauen und damit Bürokratie und starre Quotenregelungen in Krankenhäusern und Pflegeeinrichtungen reduzieren. Eine Strukturreform ist daher dringend nötig. Diese sollte aber ganzheitlich angegangen werden und darf kein Stückwerk bleiben. Alle Akteure sollten im Idealfall gemeinsam daran arbeiten und die Beteiligten sollten von der Politik frühzeitig und umfassend miteinbezogen werden.

3. Was würden Sie als erstes in unserem Gesundheitssystem verändern wollen?

Ich würde als erstes das Thema Pflege angehen – im stationären wie im ambulanten Bereich. Mit Blick auf die aktuellen Herausforderungen und all das, was aufgrund der demografischen Entwicklung noch auf uns zukommen wird, müssen wir gegensteuern und jetzt Maßnahmen ergreifen. Oberste Priorität hat die Qualitätssicherung. Damit das gelingt, müssen wir out-of-the-box denken – also Pflege völlig neu denken! Angefangen bei der Auflösung der starren Fachkraftquoten, über den Umgang mit Leiharbeit in der Pflege und natürlich bis hin zur weiteren Aufwertung des Berufsbildes. Angehörige leisten hier enormes in der Pflege. Diese Wertschöpfung müssen wir uns bewahren und durch neue Versorgungsmodelle stärken, damit möglichst viele Menschen in der Häuslichkeit versorgt werden können. Ein weiterer wichtiger Punkt ist die Prävention. Wir brauchen mehr Aufklärung zum Thema Gesundheit, Sport und Ernährung. Hier müssen wir bei den Kindern anfangen. Wir müssen das Thema Zivilisationserkrankungen vom Anfang her denken, dann würden wir viel Kosten in der GKV einsparen können, bräuchten weniger Pflegepersonal und hätten mehr Lebensqualität.

Literatur

Bundesärztekammer. (o. J.). Gehaltstarifvertrag für Medizinische Fachangestellte/Arzthelferinnen. https://www.bundesaerztekammer.de/themen/mfa/tarife/gehaltstarifvertrag-fuer-medizinische-fachangestellte-arzthelferinnen. Zugegriffen: 29. Okt. 2022.

Hermanns, P., & Filler, G. (2009). *EBM 2009, Stand 1.1.2009: Mit Euro-Beträgen auf der Grundlage des bundeseinheitlichen Orientierungspunktwertes*. Ecomed.

Kassenärztliche Bundesvereinigung KBV. (2022). *Einheit-licher Bewertungsmaßstab (EBM) Stand 01.07.2022: Ausgabe mit Euro-Beträgen auf der Grundlage des bundeseinheitlichen Orientierungswertes.* Deutscher Ärzteverlag.

Kruchem, T. (2017). Vom Kampf gegen Hepatitis C – Was darf ein Leben kosten? Deutschlandfunk Kultur, Sendung vom 22.08.2017. https://www.deutschlandfunkkultur.de/vom-kampf-gegen-hepatitis-c-was-darf-ein-leben-kosten-100.html. Zugegriffen: 29. Okt. 2022.

4

Gesundheitsversorgung heute: Bürokratisches Absurdistan und Versuch einer Digitalisierung

Illustration: Cla Gleiser

Die Kassenärztliche Bundesvereinigung (KBV) veröffentlicht
seit 2016 einen sogenannten Bürokratieindex (KBV, o. J.).
Das Ziel scheint dabei klar zu sein: Nur was man misst, kann
auch messbar abgebaut werden. Wenn dieser Bürokratieindex
dann allerdings nicht fällt, sondern steigt, wird die Zwick-
mühle offensichtlich. Im Jahr 2016 betrug der Bürokratie-
index 95,83, im Jahr 2020 lag er bei 96,10. Als Bezugsgröße
dient das Jahr 2013 mit 100 %. Die Bürokratiekosten-
belastung betrug 2020 2,44 Mrd. EUR. Vom Bürokratieabbau sind wir also extrem weit entfernt. Dennoch steht als
großes Anliegen die Verhinderung eines weiteren Bürokratie-
aufbaus im Raum. Doch da scheint mehr der Wunsch der
Vater des Gedankens zu sein. Leider führte die Digitalisierung
bisher auch nur zu einem weiteren Arbeitsaufwand anstatt
zu einer zeitsparenden Arbeitserleichterung. Der Chaos
Computer Club konnte im Oktober 2022 darlegen (CCC,
2022), mit welchem Dilettantismus (oder aber mit welcher
Kaltschnäuzigkeit – je nach Lesart) veraltete Technik auf dem
Gesundheitsmarkt etabliert wird.

Das eRezept wurmt den Datenschützer und steht auf
Messers Schneide; in der Pilotregion Westfalen-Lippe
hat sich die Kassenärztliche Vereinigung (KVWL) wegen
inakzeptabler Ergebnisse aus dem Pilotprojekt verabschiedet, und die elektronische Patientenakte bleibt
auch im Jahr 2023 ein Traum. Vernetzung und kurze
Kommunikationswege für Health Care Professionals
untereinander? Eine utopische Vision. In der Realität behält das Faxgerät seine Pole Position, dicht gefolgt
von einer 0800er-Telefonnummer, die Anrufer über ein
mehr oder weniger passendes Auswahlmenü nach etwa
20-minütiger Warteschleife an einen Callcenter-Mitarbeiter weiterverbindet. Und dessen Auskunftsbereit-
schaft inklusive Wissensgrundlage ist – ich sage mal so
– mehr oder weniger bescheiden. Das ist meine hausärztliche Realität im Jahr 2023: analog, alles andere als

App-gesteuert, und von wegen kurz in einem Messenger den Kollegen im Krankenhaus was fragen können oder gar eine E-Mail an die AOK versenden. So etwas funktioniert nur in Werbefilmen von Start-up-Unternehmen, die gerade eine neue digitale Gesundheitsanwendung zur Behandlung von Rückenschmerzen auf den Markt bringen, die ich bitte fleißig rezeptieren soll, weil das ja alles so innovativ ist. Für diese App zahlt die Kasse dann 500 € pro Quartal und Patient. In meiner Realität stehen wir vor dem Problem, dass ein neu gebautes Altenheim von der Telekom keine analogen Leitungen für Faxgeräte mehr gelegt bekommt, weil Fax doch so veraltet ist. Welcome to my world and my reality!

Bisher habe ich in diesem Buch Patientengeschichten aus meiner Praxis und persönliche Erlebnisse geschildert. Aus Sorge, meine Sicht auf unser Gesundheitssystem wäre vielleicht zu eindimensional, wollte ich auch andere, nicht hausärztliche, sondern fachärztliche Perspektiven kennenlernen, verstehen und eben auch aufzeigen. Meine hausärztliche Perspektive ist in den meisten Fällen ähnlich wie die Blickrichtung von Patienten: Beim Facharzt bekommt man keinen Termin. Warum auch immer. Dieses „Warum auch immer" interessiert mich allerdings und spielt für das Verständnis der ganz praktischen Patientenprobleme erwartungsgemäß eine entscheidende Rolle. Darum folgt nun erst mal ein Fallbericht aus Facharztsicht.

Fall 15: „Statt 1200 dürfen wir nur noch 780 Patienten pro Quartal behandeln"

Ein internistischer Chefarzt aus einem Krankenhaus im Kreis Borken besaß in den 1990er-Jahren eine sogenannte Ermächtigung für kardiologische Untersuchungen. Das bedeutet, er durfte als Chefarzt ambulante kardiologische

Untersuchungen durchführen, die dann auch von den Krankenkassen bezahlt wurden, ganz ähnlich einem niedergelassenen Facharzt. Nach dem altersbedingten Ausscheiden dieses Chefarztes ruhte der kardiologische Kassensitz in Form der Ermächtigung für einige Zeit – bis sein Oberarzt Rainer Schmidt den Sitz reaktivieren wollte und bei der Kassenärztlichen Vereinigung (KV) einen entsprechenden Antrag auf Übernahme stellte, um sich als Kardiologe niederzulassen. Dieser Antrag wurde zunächst bewilligt, doch legten weitere Kardiologen im Kreis Borken Widerspruch ein. Sie hatten offensichtlich Sorge, dass sie nicht mehr genügend Patienten behandeln könnten, und/oder fürchteten die Konkurrenz. Ich kann nur mutmaßen, denke allerdings, dass monetäre Interessen wohl die entscheidende Rolle spielten. Im Widerspruchs-verfahren wurde zu Gunsten der etablierten Kardio-logen entschieden, und der Kollege Schmidt musste sich mit einem sogenannten halben Kassensitz begnügen; er arbeitete also zu 50 % als Oberarzt in der Klinik und zu 50 % als niedergelassener Kardiologe. Daraufhin entschied sich Herr Schmidt, sozialgerichtlich gegen diese Zuteilung zu klagen. Man kann sich vorstellen, dass dieser Vorgang mehrere Jahre in Anspruch genommen hat.

Die niedergelassenen Kardiologen, die seinerzeit gegen einen weiteren Facharztsitz geklagt hatten, sind heute längst in Rente. Surrealerweise ist einer der Kollegen mittlerweile privatärztlich tätig und behandelt nun im Rahmen einer Selbstzahlerleistung Patienten, deren kassen-ärztlich-fachärztliche Versorgung er einige Jahre zuvor verhindert hat. Die übrigen kardiologischen KV-Sitze sind in der Zwischenzeit in einem dem Krankenhaus angegliederten Medizinischen Versorgungszentrum (MVZ) aufgegangen – also genau bei jenen, die damals Herrn Schmidt als gegnerische Partei beim Sozialgericht gegen-überstanden. Währenddessen machte das Krankenhaus

Herrn Schmidt das Angebot einer sogenannten feindlichen Übernahme, soll heißen, dass er selbstverständlich im Rahmen eines MVZs einen kardiologischen Kassensitz bekleiden könnte. Dieses Angebot lehnte Herr Schmidt ab – und ich feiere ihn bis heute dafür!

Im Verlauf seiner beruflichen Tätigkeit versuchte Herr Schmidt auch mal, seinen Sitz auf 100 % aufzustocken, und beantragte dies bei der KV. Zu seiner Verwunderung wurde die Aufstockung genehmigt, sodass sich die Klage vor dem Sozialgericht erledigt hatte, was der Richter umgehend erkannte. Gegen die Aufstockung erhob das MVZ nun wiederum Einspruch. Formfehler und Fristverletzungen sowie abschließend eine Rücknahme des Widerspruches nach fast drei Jahren beendeten schließlich dieses Kapitel im Jahr 2016. Bis 2020 arbeitete der Kardiologe Schmidt als ein zu 100 % niedergelassener Facharzt und war damit befugt, 1200 Patienten pro Quartal zu behandeln. Kurioserweise entschied die Kassenärztliche Vereinigung 2021, dass 100 % nun nicht mehr 1200 Patienten pro Quartal bedeuteten, sondern nur noch 780 Patienten. Für die „zu viel behandelten" Patienten werden nun Strafzahlungen fällig. Bis dato gab es allerdings eine sogenannte Neupatientenregelung, die noch unter Gesundheitsminister Jens Spahn eingeführt wurde. Demnach fielen „neue Patienten", also jene, die noch nie in der jeweiligen Praxis behandelt worden waren, nicht unter das Budget und somit unter diese Summe von 780 Patienten. Diese Neupatientenregelung wurde nach dem Willen unseres Gesundheitsministers Karl Lauterbach nun zum 01.01.2023 durch die Verabschiedung des GKV-Finanzstabilisierungsgesetzes im Oktober 2022 wieder gekippt, was für die niedergelassenen Ärzte einen realen Einkommensverlust von ca. 20 % zur Folge hat. Wertschätzung in Zeiten völlig überfüllter Arztpraxen geht irgendwie anders.

Völlig absurd zeigt sich das System in Bezug auf die Terminservicestelle der Kassenärztlichen Vereinigung: Herr Schmidt soll Termine für die KV-Servicestelle freihalten, nachdem eben diese KV ihm das Quartalsbudget von 1200 Patienten auf 780 Patienten zusammengekürzt hat. Die Terminservicestelle der KV wurde eingerichtet, weil Patienten ja so schlecht einen Termin beim Facharzt bekommen – kein Wunder, wenn man den Fachärzten das Budget zusammenkürzt!

» Mein Kommentar: Unter den aktuellen Umständen haben Patienten gar keine Chance auf einen Termin beim Facharzt!

Kardiologe Schmidt könnte und würde gerne mehr Patienten mit Terminen versorgen, würde dann aber mit einer entsprechenden Regresszahlung belegt. Also bleibt ihm nur der Spielraum, das vorhandene Budget zu verteilen, und wenn dieses erschöpft ist, Termine in weiter Zukunft, also im Rahmen des nächsten monatlichen Budgets, zu vergeben. Die kardiologischen Fachärzte sind in unserer Region derart überlaufen, dass man als „ortsfremder" Patient gar keine Chance mehr auf einen Termin hat. Das heißt, auch die bisherige Strategie, für einen Facharzt dann eben weiter zu fahren und in den nächsten Orten nach Terminen zu fragen, ist jetzt vor die Wand gefahren.

Diese Fehlentwicklung stellt keine Besonderheit der ländlichen fachärztlichen Versorgung dar. Selbst in Berlin herrscht mittlerweile ein erheblicher Mangel an Facharztterminen. Für mich ist es vollkommen nachvollziehbar, wenn Fachärzte aufgrund des finanziellen und juristischen Nachspiels einen Annahmestopp für Patienten in ihrer Praxis ausrufen. Hier ist nun wirklich die Politik gefragt. Die Budgetierung führt offensichtlich dazu, dass Engagement und Mehrarbeit bestraft werden. Aus meiner Sicht gehört diese Absurdität dringend abgeschafft!

Fall 16: „Können Sie das nicht eben faxen?"

Stefanie Nießing leidet seit mehr als drei Jahren unter Herzrhythmusstörungen (in der Fachsprache Tachykardien genannt), die bisher nicht in den Griff zu bekommen waren. Die alleinerziehende Mutter erlebt immer wieder Phasen, in denen ihr Herz mehr als 140 Mal pro Minute schlägt. Das ist nur schwer auszuhalten und macht Angst. Diese nachvollziehbare Angst führt wiederum zu einer weiteren Erhöhung der Herzfrequenz – sie steckt in einem Teufelskreis, der nur schwer zu durchbrechen ist.

Mehrmals wöchentlich stellt sie sich in der Notfall-sprechstunde vor, weil ihr in der Nacht wieder einmal eine „Herzattacke" den Schlaf geraubt hat. Die Elektrokardio-diagramme, die ich dann tagsüber schreibe, sind unauf-fällig. Aber die 24-Stunden-EKGs, die wir bei ihr schon mehrfach angelegt hatten, bestätigten immer wieder Herz-frequenzen zwischen 140 und 180 Schlägen pro Minute. Ein nur schwer zu ertragender Zustand.

Mit meinem hausärztlichen Latein bin ich bei ihr am Ende meiner Möglichkeiten angekommen. Sämtliche medikamentösen Therapiestrategien haben bisher nicht funktioniert, eine Operation zur Verödung am Herzen blieb ebenfalls ohne den gewünschten therapeutischen Erfolg. Seit Monaten ist die 39-Jährige an eine sogenannte

„telemedizinische" Überwachung des Herzzentrums Bad Oeynhausen angeschlossen. Die Kollegen dort variieren immer wieder die antiarrhythmische Medikation, haben damit bislang jedoch auch kein Ergebnis erzielt. Im Gegenteil: Die Patientin leidet immer mal wieder unter massiven Nebenwirkungen wie einem ständigen Durstgefühl. Sie hat mir berichtet, dass sie täglich etwa zwölf Liter trinkt. Aufgrund ihres Übergewichts hatte ich ihr Blut daraufhin mit der Frage nach einer diabetischen Erkrankung untersucht. Unauffällig.

Schließlich bitte ich den örtlichen Nephrologen um Rat, der die gigantische Trinkmenge auf die Herzmedikation zurückführt – und damit richtig liegt. Das übergroße Durstgefühl von Frau Nießing normalisiert sich nach einem Wechsel der Medikamente, der Herzschlag nicht. Diese ganze Odyssee ohne zufriedenstellendes Ergebnis lässt Frau Nießing verzweifelt und mich ratlos zurück. Immer wieder führen die Tachykardien zu Arbeitsunfähigkeit. Zählt man die Krankenhaus- und Reha-Aufenthalte dazu, summieren sich die Ausfallzeiten auf Jahre. Heute hat Frau Nießing wieder einen Termin in der Notfallsprechstunde vereinbart. Mir ist es mittlerweile unangenehm, dass ich meiner Patientin nach so langer Zeit kein Therapiekonzept vorlegen kann, auch wenn ich damit nicht allein bin.

Als ich das Sprechzimmer betrete, stelle ich sofort fest: Die sichtlich angeschlagene Patientin hat augenscheinlich eine harte Nacht hinter sich. Sie sitzt in Jogginghose in gebückter Haltung wie ein Häufchen Elend vor meinem Schreibtisch. Sie berichtet: „Die ganze Nacht hatte ich wieder Herzrasen. Kein Auge habe ich zugemacht. Und wenn Sie jetzt ein EKG schreiben, ist alles normal. Ich kann nicht mehr."

„Frau Nießing, das tut mir wirklich leid, dass wir hier keinen Schritt weiterkommen. Die Telemedizin hat das ja

aufgezeichnet. Haben Sie schon Kontakt mit dem Herzzentrum aufgenommen?", frage ich in beruhigendem Tonfall.

„Ja, aber das bringt auch nichts. Man könnte den Beta-
blocker noch mal erhöhen, sagen die. Aber das hatten wir
ja alles schon. Die Attacken gehen dann trotzdem nicht
weg, und ich bin den ganzen Tag so müde, dass ich von
meinem Mittagsschlaf gar nicht mehr aufstehe", erinnert
mich die Patientin nochmals an ihren langen Leidensweg.

Ich gebe ihr recht, denn sie ist schon eine lange Zeit im
Herzzentrum Bad Oeynhausen angebunden. „Wie wäre
es, wenn wir uns eine Zweitmeinung in einem anderen
Herzzentrum einholen?", versuche ich eine Perspektive zu
entwickeln.

„Das habe ich auch schon mal überlegt und bin auf
die Uniklinik in Münster gestoßen. Die bräuchten dann
sämtliche Unterlagen", entgegnet Frau Nießing und
schaut mich dabei etwas fragend an. Ich bin erleichtert,
dass es zumindest ein Konzept für einen nächsten Schritt
gibt. Ich stimme ihr optimistisch zu: „Uniklinik Münster
finde ich eine total gute Idee. Und ich kümmere mich um
einen Termin für Sie und sehe zu, dass die alle Unterlagen
bekommen."

Normalerweise belasse ich es ganz bewusst in der
Hand der Patienten, ihre Unterlagen für eine Facharzt-
vorstellung zusammenzustellen. Hier allerdings ist die
Akte derart umfangreich, dass sie für das Herzzentrum
sortiert und zusammengefasst werden muss, damit die
Kollegen dort eine Chance bekommen, sich einen Überblick über den Fall zu verschaffen. Die Kommunikation
mit der Uniklinik funktioniert per E-Mail schnell und
scheinbar pragmatisch: Nach Eingang der Unterlagen
würde die Patientin einen Termin erhalten. Ob ich diese
eben faxen könnte? Mailen oder der Postweg würde auch
funktionieren ...

Selbst wenn man den Datenschutz außer Acht lässt, gestaltet sich Mailen schwierig, da ich nur die Möglichkeit habe, zig pdf-Dateien anzuhängen oder alles in einem pdf-Dokument zusammenzufassen. Das ist dann allerdings wenig übersichtlich und führt im Uniklinikum Münster wahrscheinlich ohnehin dazu, dass jemand den ganzen Papierwust ausdruckt. Und es ist fraglich, ob eine derart große Datei überhaupt auf dem Weg der elektronischen Post ankommt – die Firewalls oder das beschränkte Datenvolumen beim Empfänger schlagen einem da so manches Schnippchen. Faxen scheidet komplett aus, da es sich um mehr als 100 Seiten handelt. Ich erstelle also eine Akte mit Inhaltsverzeichnis und jeweiligen Kurzzusammenfassungen, die zwar umfangreich ist, aber den Kollegen die Chance lässt, gezielt nach Informationen zu suchen. Ich packe das ganze Werk in einen großen Umschlag und sage zu meiner Mitarbeiterin: „Ich hoffe, dass die Akte in der Uniklinik auch da ankommt, wo sie hin soll und nicht in irgendeinem Posteingang untergeht oder gar auf dem Postweg verschwindet." Die Medizinische Fachangestellte, die seit mehr als 30 Jahren im Job ist, antwortet mit einem Augenzwinkern: „Früher haben wir auf wichtige Briefe immer draufgespuckt. Vielleicht hilft das ja auch im Jahr 2022 noch!"

» Mein Kommentar: Die Digitalisierung erleichtert den Praxisalltag bisher in keiner Weise!

Es ist wirklich aberwitzig, dass ich seit Jahr und Tag Bank- und Versicherungsgeschäfte ausschließlich online erledigen kann, aber in der Praxis zwischen Ärzten immer noch mit

Papierausdrucken hantiert werden muss. Es ist eine so unglaubliche Ressourcenverschwendung. Hier wäre eine elektronische Patientenakte, die übersichtlich Arztbriefe aus stationären und ambulanten Behandlungen und eine Medikationshistorie auflistet, für alle Beteiligten eine echte Erleichterung. Das, was bisher in der Medizin digitalisiert wurde, hat meinen Alltag leider in keiner Weise vereinfacht – eher im Gegenteil! Das, was bei der Digitalisierung im Gesundheitswesen in der Politik oben auf der Prioritätenliste steht, hat mit echter Digitalisierung, die Prozesse sicherer und einfacher machen soll, aus meiner Sicht überhaupt nichts zu tun. Nein, auch im Jahr 2023 erstelle ich von Hand eine Papierakte mit schriftlichen Kurzzusammenfassungen, was mich insgesamt fast eine Stunde Zeit kostet, nur damit ein Kollege überhaupt die Chance hat, sich in einen komplexen Fall einzuarbeiten. Diese Arbeitszeit taucht nirgendwo auf, erst recht in keiner Abrechnung.

Ich würde die Verantwortlichen gerne fragen, wie sie sich den Informationsaustausch unter Ärzten so vorstellen. Und wenn in Sachen Digitalisierung sämtliche Interessen von Krankenkassen und anderen Kostenträgern berücksichtigt werden, nur eben die ärztlichen Bedürfnisse nicht, dann kann in Zukunft sehr gerne die Krankenkasse alle notwendigen Unterlagen zusammensuchen und zur Verfügung stellen! Denn diese Stunde Arbeitszeit für den Papierkram einer einzigen Patientin ist im Budget nicht vorgesehen.

Um das noch mal klarzustellen: Ich bin als Ärztin keineswegs gegen die Digitalisierung im Gesundheitswesen. Ich erwarte jedoch, dass sie mir meine alltägliche Arbeit erleichtert und nicht zusätzlichen Aufwand verursacht. Diese Erwartung konnte bisher leider nicht mal im Ansatz erfüllt werden.

Fall 17: „Haben wir den gleichen Daumen?"

Mein Kollege Dirk Wilmers ist technikaffin. Das ist ein besonderes Talent, das sich in der Praxis sehr bemerkbar macht. Denn als Selbstständige, was wir als Hausärzte nun mal sind, ist man buchstäblich für jede defekte Glühbirne selbst zuständig. Ein Beispiel: Bis heute müssen Morphinrezepte mit einer Nadeldruckertechnik aus den 1980er-Jahren gedruckt werden. Als Alternative sieht die Bundesopiumstelle (ja, die gibt es wirklich, und sie heißt auch genau so) das Ausfüllen der Rezepte per Kugelschreiber vor. Auch im Jahr 2023. Ersatzteile für Nadeldrucker gibt es längst nicht mehr, sodass wir dieses Gerät behandeln wie das buchstäbliche rohe Ei. Und wenn die Technik doch mal nicht so funktioniert, wie sie soll, nimmt Dirk das gute Stück mit nach Hause, baut den Drucker auseinander und repariert ihn geduldig und liebevoll. Woher mein Kollege diese Technikaffinität hat, weiß ich auch: Seine 78-jährige Mutter bezahlt mit Google Pay auf ihrem Smartphone, nutzt wie selbstverständlich das Mobile Banking und wechselt sogar jedes Jahr über die Verivox-App den Stromanbieter. Das alles hat sie sich völlig selbstständig auf ihrem Smartphone eingerichtet. Aber an der Gematik-App für das E-Rezept ist selbst sie gescheitert.

Alles GEMATIK oder was?

Die Gematik GmbH wurde 2005 eigens dafür gegründet, digitale Anwendungen im Gesundheitswesen – wie beispielsweise das E-Rezept – zu realisieren. Für die Gründung wurden sämtliche Spitzenverbände des deutschen Gesundheitssystems an einen Tisch gebeten: das Bundesgesundheitsministerium, die Bundesärztekammer, die Bundeszahnärztekammer, die Kassenärztliche Bundesvereinigung und die Kassenzahnärztliche

Bundesvereinigung, die Deutsche Krankenhausgesellschaft, der Deutsche Apothekerverband und der GKV-Spitzenverband sowie der Verband der Privaten Krankenversicherung. Dabei hält das Ministerium 51 % und damit eine Mehrheit als Gesellschafter. Die Gematik GmbH ist verantwortlich für die zentrale Plattform der Digitalisierung im Gesundheitswesen, die sich Telematikinfrastruktur (TI) nennt. Im Rahmen der TI sind verschiedene digitale Anwendungen vorgesehen, also zum Beispiel digitale Arbeitsunfähigkeitsbescheinigungen und digitale Rezepte.

Die Telematikinfrastruktur im Gesundheitssystem sieht neben der digitalen Arbeitsunfähigkeitsbescheinigung (eAU) auch das digitale Rezept (eRezept) und eine digitale Patientenakte (ePA) als Kernstücke der Digitalisierung vor. Immerhin: Die eAU funktioniert schon mal für den Beleg der Krankenkasse und irgendwann dann auch hoffentlich auch für die Arbeitgeber. Aktuell signiere ich das AU-Exemplar für die Krankenkasse digital und verschicke es per E-Mail, drucke die Exemplare für Arbeitgeber und Patient aus und unterschreibe diese ausgedruckten Zettel, die bereits digital signiert wurden, noch einmal per Hand. Das ist sozusagen die deutsche Variante einer digitalisierten Arbeitsunfähigkeitsbescheinigung. Das eRezept drucke ich anstatt auf einem DIN-A6- nun auf einem DIN-A5-Vordruck aus – dafür sogar mit schickem QR-Code. Und der Apotheker scannt diesen QR-Code dann zur Rezepteinlösung.

Um an dieser Stelle wahrheitsgemäß zu berichten: Zum Glück handelt es sich bei dieser Variante um eine Übergangsregelung. Das eRezept soll eigentlich automatisch in eine App auf dem Smartphone des Patienten geladen werden. In der App erscheint dann der uns schon bekannte QR-Code, den der Apotheker anschließend scannt. Das ist dann wirklich digital. Die dafür benötigte App ist die eRezept-App der Gematik. Um diese App zu laden, werden eine NFC-fähige Versichertenkarte und eine PIN benötigt. Beides erhält der Versicherte von seiner Krankenkasse – vorausgesetzt, die PIN wurde mit der Karte zusammen beantragt.

Die Realität ist allerdings ernüchternd: Die Mutter meines Kollegen Wilmers hat die Gematik-App auf ihrem Smartphone geladen und ist wild entschlossen, eRezept und ePA nun einzurichten. Es folgt ihr Anruf bei der Barmer Krankenkasse: „Guten Tag. Ich habe die Gematik-App auf mein Handy geladen und benötige nun für eRezept und das Nutzen der elektronischen Patientenakte eine PIN von Ihnen." Der Barmer-Mitarbeiter zeigt sich nicht gerade begeistert: „Was wollen Sie denn damit? Das funktioniert doch alles noch gar nicht." Frau Wilmers ist geduldig und hartnäckig zugleich: „Doch, meine Hausarztpraxis verschreibt schon lange das eRezept, die Gematik-App gibt es ja auch schon seit Monaten, und jetzt fehlt mir nur noch die PIN von der Barmer."

Doch so einfach wie erhofft ist das Projekt leider nicht: „Ich kann Ihnen die PIN gar nicht geben. Dafür müssen Sie sich erst in der Barmer-App registrieren", klärt der Mann im Callcenter etwas gelangweilt auf. Man merkt, das Thema ist nicht beliebt.

Frau Wilmers resümiert: „Aha. Ich bekomme also erst eine PIN für die Gematik-App, wenn ich die App der Barmer lade, obwohl dann alles Weitere über die App der Gematik funktioniert. Und es reicht nicht, dass Sie sehen können, dass ich ja offensichtlich bei der Barmer versichert bin?" Während der Mann am anderen Ende der Leitung antwortet, scheint er Kaugummi zu kauen: „Nein, das reicht nicht. Sie müssen sich in der Barmer-App registrieren, dann können Sie wieder die Hotline anrufen, um die PIN zu bestellen."

Damit endet das erste Telefonat mit der Krankenkasse wenig zufriedenstellend.

Nach dem Laden der Barmer-App bestätigt sich eine bereits vage gehegte Befürchtung: Auch diese App benötigt eine PIN. Um diese zu erhalten, muss eine Online-Identifizierung mittels einer weiteren Identifikations-App durchgeführt werden. Frau Wilmers verliert dann jetzt doch so langsam den Überblick bei all den Registrierungs- und Bestätigungsmails und drückt das Smartphone ihrem Sohn in die Hand. „Das musst du machen, mein Lieber!"

Die Registrierung in der Identifikations-App gelingt meinem Kollegen dann endlich ohne weitere Hürden. Um sich zu identifizieren, muss Frau Wilmers vorgegebene Worte in die Kamera sprechen und ihren Personalausweis von beiden Seiten scannen. Nach erfolgreichem Abschluss bestätigt die App, dass sie Frau Wilmers ist. Gott sei Dank! Diese Bestätigung führt nun zur PIN der Barmer-App. Anschließend kann endlich die Registrierung in der Barmer-App abgeschlossen werden. Mein Kollege hat, um nicht im PIN-Chaos zu versinken, kurzerhand seinen Fingerabdruck im Smartphone seiner Mutter als Identifikation gespeichert. Jetzt stellt sie verwundert fest, dass Dirk Wilmers die Registrierung mit seinem Daumen abschließt. Etwas verwirrt über dieses Registrierungschaos fragt sie: „Haben wir denn den gleichen Daumen?" Ihr Sohn klärt sie auf: Er habe kurzerhand seinen Daumen als Identifikationsnachweis in ihrem Smartphone hinterlegt, sonst hätte er selbst bei den ganzen Registrierungen den Überblick verloren. Somit sind jetzt alle Voraussetzungen erfüllt, um bei der Hotline der Barmer die PIN für die Gematik-App zu bestellen. Beim nächsten Anruf teilt der freundliche Callcenter-Mitarbeiter mit, dass die PIN per Post zugestellt wird. „Und damit kann ich dann am eRezept und an der elektronischen Patienten-akte teilnehmen?", fragt die Seniorin. Falsch gedacht – als ob das Leben so einfach wäre und die Sache mit der

App ein Wunschkonzert. „Nein, die PIN ist nur für die eRezept-App der Gematik. Für die ePA benötigen Sie die ePA-App der Barmer und müssen sich dort registrieren", tut der Barmer-Mitarbeiter kund. Ungläubig schauen sich alle Anwesenden an, beenden zügig das Gespräch, und keiner weiß so recht, ob man jetzt lachen oder weinen soll. „Naja, jetzt sind wir ja Profis", resümiert Frau Wilmers und sucht schon nach der entsprechenden App im Google Play Store.

》 Mein Kommentar: Mit echter und hilfreicher Digitalisierung hat diese Vorgehensweise nichts zu tun!

Das Thema eRezept ist bis dato nicht gelöst: Projekt-Praxen, in denen das sogenannte Rollout stattgefunden hat, sind so genervt vom eRezept, dass die Kassenärztliche Vereinigung ein flächendeckendes Rollout derzeit verhindert. Da wir zu diesen Praxen gehören, muss ich sagen: Das ist nachvollziehbar! Für die Erstellung eines analogen Rezepts benötige ich drei bis fünf Sekunden. Das digitale Rezept erfordert ein bis zwei Minuten. Sie glauben, das spiele keine Rolle? Wir erstellen an einem Montagvormittag gut und gerne 600 bis 800 Rezepte. Glauben Sie mir, bei diesen Mengen ist dieser Zeitunterschied durchaus relevant!

Womit wir wieder beim Thema wären: Es ist nicht nur so, dass die Digitalisierung meinen Alltag aktuell nicht erleichtert, nein, sie erschwert und behindert ihn maßgeblich. Aber Hauptsache, die Krankenkasse hat schon mal die AU!

Fall 18: „Mit der Krankenkasse Ihrer Oma haben wir keinen Vertrag"

Meine Oma Käthe ist 98 Jahre alt und hat ein langes, anstrengendes Leben hinter sich. Unsere Familie war nie groß, und es war immer klar, wer Oma ist. Oma ist die Mutter meiner Mutter. Die Mutter meines Vaters ist früh verstorben. Daher haben wir ihren Namen „Käthe" eigentlich nie gebraucht. Meine Oma war immer eine starke Frau. Ich glaube, sie hat damit eine tiefsitzende Angst bekämpft. Ihre Mutter hat die Nazis vom Hof gejagt, als sie ihr das Mutterkreuz überreichen wollten, und hat während des Dritten Reiches eine jüdische Familie versteckt. Vielleicht hat sie die Angst aus jener Zeit, entdeckt zu werden, nie wirklich verlassen. Heute ist von meiner Oma nicht mehr viel da: Sie ist nicht mehr mobil und geplagt von einer existenziellen Angst, die sich durch kein Medikament der Welt auflösen ließe. Und ich habe wirklich so manches Mal in die medikamentöse Trickkiste gegriffen. Ob sie noch Lebensqualität hat, vermag ich gar nicht zu beurteilen, denn sie ist „komplett dement", wie man so sagt, und daher in jeder Hinsicht pflegebedürftig. Es ist traurig zu sehen, wie ein geliebter Mensch in Zeitlupe verstirbt. Sie ist nicht mehr die Frau, die liebevoll den Gemüsegarten gepflegt und den besten Stielmus-Eintopf der Welt gekocht hat. Auch meine Mutter leidet unter dem langsamen Siechtum ihrer Mutter. „Laura, ich will das für mich nicht. Du musst das verhindern", ist eine eindeutige Formulierung und Forderung für ihre Zukunft im Pflegefall. Sicherlich alles nicht einfach.

Die Bezugspflegekraft meiner Oma berichtet, dass sie mittlerweile auch komplett inkontinent ist und den Urin nicht mehr halten kann. Ständig liege sie im Nassen. Im Rahmen einer Schenkelhalsfraktur vor vier Jahren war

Oma schon einmal auf einen Dauerkatheter angewiesen gewesen, und das hat sie damals gut toleriert. Daher haben wir uns jetzt auch für eine Katheterversorgung entschieden. „Ich kümmere mich um das Rezept", sage ich zu der Pflegekraft und verabschiede mich. Das Rezept über sechs Katheter-Sets faxe ich an die Apotheke, die das Pflegeheim beliefert. Damit ist das Thema für mich erledigt.

Einige Tage später allerdings erfahre ich, dass eine Lieferung über die Apotheke nicht möglich war, da die Barmer Krankenkasse kein Vertragspartner der betreffenden Apotheke ist. Eine Bestellung funktioniere nur über das Sanitätshaus in Ahaus – das ist nicht gerade um die Ecke, sondern 50 km entfernt. Ich frage in der Apotheke, die direkt bei uns im Gebäude und unter den Räumlichkeiten unserer Arztpraxis untergebracht ist, ob eine Bestellung möglich sei. Immerhin besteht hier eine wirklich gute und enge Zusammenarbeit. Der berühmte kurze Dienstweg macht ja in der alltäglichen Praxis viel aus. Doch auch in dieser Apotheke habe ich keine Chance, einen Dauerkatheter zu bestellen: „Mit der Krankenkasse Ihrer Oma haben wir keinen Vertrag", klärt mich die Apothekerin Petra Hoffschulte freundlich auf. Also geht das Rezept per Fax an das Sanitätshaus in Ahaus. Von dort bekomme ich die Rückmeldung, dass die Barmer jeweils nur einen Katheter pro Verordnungszeitraum akzeptiere. Das Rezept muss also noch einmal geändert und erneut gefaxt werden. Bis das geklärt ist, gehen wieder zwei Tage ins Land. Mein Hausbesuch ist mittlerweile eine Woche her, und meine Oma liegt immer noch ohne Dauerkatheter in nassen Windeln. Die Pflegekraft bleibt derweil geduldig, was bleibt ihr auch anderes übrig. Das Sanitätshaus bestellt schließlich den Katheter und liefert ihn zu einem Pflegeheim in 50 km Entfernung aus. Das dauert noch einmal drei Tage. Bis meine Oma ein so simples Equipment wie einen Dauerkatheter erhalten konnte, sind neun Tage ins Land gegangen. Ich bin einmal mehr fassungslos und sprachlos.

》 Mein Kommentar: Wir brauchen dringend eine ganz einfache, praktische und menschliche Sicht auf die Umstände!

Ein Katheter ist nun wirklich kein wahnsinnig hoher Kostenfaktor, wird aber im Alltag in der Regel mit einer gewissen Dringlichkeit und Eile benötigt. Ich finde es im Grunde unmenschlich, im Falle von essenziellen Hygieneartikeln die Hürden derart hoch zu hängen. Ich bekomme jedes Antibiotikum binnen 24 h in meiner Apotheke vor Ort ausgehändigt – aber die Bestellung eines Urinkatheters nimmt in der Realität eine Woche, diverse Telefonate und zig hin und her gefaxte Rezepte in Anspruch. Das glaubt keiner, der mit diesen Problemen nicht zu kämpfen hat!

Hier besteht aus meiner Sicht dringend Reformbedarf. Es braucht eine ganz praktische und menschliche Sicht auf die Umstände – und auf derartige Probleme, die das System verursacht. Mir ist nicht bekannt, ob es sich um ein ausschließliches Problem der Barmer handelt. Fakt ist allerdings, dass für derartige Hilfsmittel häufig Kooperationen und Verträge zwischen Apotheken bzw. Sanitätshäusern und Krankenkassen bestehen, die eine Bestellung in der Apotheke vor Ort – wie in diesem Fall – unmöglich machen.

Fall 19: „M75.1 wäre ok, M75.3 führt zum Regress"

Ich bin begeisterte Handballerin, und auch wenn meine aktive sportliche „Karriere" mittlerweile einem Funktionsamt gewichen ist, bezeichne ich mich immer noch gerne und mit Überzeugung als Handballerin. Der Handball steht für vieles, was Grundvoraussetzung für ein funktionierendes gesellschaftliches Zusammenleben ist: Teamgeist, Fairness, Disziplin und die Fähigkeit, sich einen harten Wettkampf zu liefern, um sich im Anschluss daran die Hand zu geben. Als ich nach Studium und beruflichen Etappen zurück in meine Heimat kam, dachte ich daran, vielleicht noch mal eine zweite Handballkarriere zu starten – 17 Jahre später. Als ich die Halle betrat, rief Clemens, den ich eben auch 17 Jahre nicht gesehen hatte, mir entgegen: „Hey, Laura, schön, dass Du wieder da bist. Spielst Du wieder?" Das Schöne daran: Es war, als wären wir uns gestern hier in der Halle begegnet. Weder Vorwurf noch Tadel schwangen mit, kein: „Hättest dich ja auch mal melden können", oder: „Ach, du lebst auch noch" – so ist Clemens und so ist die Handballergemeinschaft.

In meiner neuen Mannschaft spielt Julia, mit der ich in der Jugend bereits zusammengespielt hatte, immer noch als Torhüterin. Sie ist nur drei Jahre jünger als ich und hatte keine Handballpause aus beruflichen Gründen. Daher war mit 33 Jahren ihre Schulter dann irgendwann auffällig: Wegen ständiger Schulterschmerzen veranlasste ich bei ihr ein MRT. Das Ergebnis war nicht eindeutig, die Sehnen der Schulter – die die sogenannte Rotatorenmanschette bilden – waren entzündet und durch Kalkablagerungen verändert, vieles sprach auch für einen kompletten Sehnenabriss. Zunächst versuchten wir eine konservative Therapie mit Krankengymnastik und diversen entzündungshemmenden Schmerzmitteln. Regelmäßig stattete ich Julia mit Physiotherapierezepten aus. Als Diagnose für die Indikation zur Krankengymnastik verschlüsselte ich M75.3 – Tendinitis calcarea im Schulterbereich, also eine Entzündung mit Ablagerungen in der Schulter, so wie es das MRT gezeigt hatte.

Der Diagnoseschlüssel

In der Medizin werden Krankheiten einem Diagnoseschlüssel zugeordnet. Die Grundlage dafür bildet der ICD-Katalog (International Statistical Classification of Diseases and Related Health Problems). Das ist ein internationales Klassifikationssystem für Krankheiten, aktuell in seiner zehnten Version. Die Diagnoseschlüssel lösen ein konkretes Budget für abrechenbare Leistungen aus. Das gilt im ambulanten wie im stationären Sektor. Die Entzündung der Sehnen von Julias Schulter erhält hier also die Bezeichnung M75.3, diese Nummer entnehme ich aus dem Katalog.

Ohne Physiotherapie konnte sie schließlich nicht mal mehr schlafen, vom Handballspielen ganz zu schweigen. Julia konnte durch ihre jahrelange sportliche Erfahrung zwar die Bewegungseinschränkung im Tor wettmachen, jedoch erfolgte aufgrund der anhaltenden Beschwerden, die sich gerade in der Nacht medikamentös überhaupt nicht mehr einfangen ließen, schlussendlich eine Arthroskopie, also die Spiegelung des Schultergelenks. Der Sehnenabriss bestätigte sich und die Rekonstruktion gelang. Diese Schulteroperationen sind auf eine intensive krankengymnastische Beübung im Anschluss zwingend angewiesen. Anderenfalls besteht die Gefahr, dass die Schulter versteift. Also verordnete ich auch nach der Operation weiterhin Physiotherapie als Folgerezept, da Julia ja schon vor der OP physiotherapeutisch behandelt worden war. Die Heilmittelverordnung, so wird das Rezept für Krankengymnastik sozialversicherungsrechtlich korrekterweise genannt, stellte ich weiterhin auf den Diagnoseschlüssel M75.3 aus. Und das war ein großer Fehler. Er führte zu dem unter Ärzten sehr gefürchteten Regress.

Ein Regress ist das Damoklesschwert, das über uns niedergelassenen Ärzten schwebt. In der ambulanten Medizin gibt es ein Leistungsbudget, und das bedeutet, dass ich als Arzt nicht unbegrenzt Patienten behandeln, Medikamente rezeptieren und Kompressen für Wundversorgungen bestellen oder Physiotherapie verordnen kann. Passiert das doch, wendet sich die Gemeinsame Prüfungseinrichtung der Krankenkassen mit einem freundlichen Schreiben und dem Hinweis auf das Wirtschaftlichkeitsgebot an uns. Einmal im Leben darf das passieren, beim zweiten Mal muss ich für die entsprechende Budgetüberschreitung büßen – und die Differenz entsprechend bezahlen. Gerade im Bereich Heilmittel, in dem es beispielsweise um Logopädie oder Ergo- und Physiotherapie geht, nimmt diese Budgetierung aberwitzige Züge an.

Laut dem Heilmittel-Informations-System der gesetzlichen Krankenkassen (GKV-HIS) belegt der KV-Bereich Westfalen-Lippe, in dem meine Praxis liegt, mit 3131 Behandlungen je 1000 Versicherte den vorletzten Rang in der Summe der physiotherapeutischen Behandlungen. Der bundesweite Durchschnitt liegt bei 4117 Behandlungen je 1000 Versicherte, und auf den ersten drei Plätzen finden sich ausnahmslos ostdeutsche Bundesländer (Wissenschaftliches Institut der AOK, 2022). Obwohl wir im Vergleich zu anderen Bundesländern also massiv weniger Physiotherapie verordnen, ist die Regressgefahr in Westfalen-Lippe enorm hoch. Ein Regress entsteht dann, wenn man als Arzt deutlich „mehr verbraucht" als die örtliche

Vergleichsgruppe. Das heißt, obwohl in Nordrhein-Westfalen insgesamt deutlich weniger Physiotherapie verordnet wird als in Berlin oder Bayern, ist trotz der geringen Verordnungsanzahl die Regressgefahr hoch – weil im Vergleich und damit als Berechnungsgrundlage eben wenig Krankengymnastik verordnet wird. Diese Argumentation lässt der Prüfungsausschuss jedoch in keiner Weise zu. Das ist mit Logik beim besten Willen nicht zu verstehen. Denn dieses Vorgehen führt dazu, dass sich die Verordnungszahl aufgrund der Regressgefahr von selbst immer weiter nach unten reguliert – aktuell eben bis auf den vorletzten Rang.

Ich verfüge neben der Facharztausbildung für Allgemeinmedizin über die Qualifikation als Facharzt für Allgemeinchirurgie und die Zusatzbezeichnung Sportmedizin. In der Praxis sieht das so aus, dass ich viele Patienten nach Schulter- oder Knieoperationen behandle, die sich auswärts einer Operation unterzogen haben, eben genau wie in Julias Fall. Teil der anschließenden Behandlung ist selbstverständlich die Physiotherapie. Das führte bei mir beispielsweise 2019 zu einem erheblichen Heilmittelregress mit einer Forderung von 98.000 € für Verordnungen des Jahres 2017. Die Ursache dieser hohen Nachforderung liegt im Wesentlichen an einem sogenannten Verschlüsselungsfehler. Ich habe wie in Julias Fall also die indizierte Physiotherapie auf den Diagnoseschlüssel M75.3 rezeptiert.

Der Code „M75" umfasst alle möglichen Schulterläsionen, also verschiedene Defekte und Krankheiten im Schulterbereich. Weitere Beispiele sind M75.4 für das sogenannte Impingementsyndrom der Schulter, M75.8 für sonstige Schulterläsionen, M75.1 für Läsionen der Rotatorenmanschette, und hinter der M75.3 versteckt sich eine „Tendinitis calcarea" im Schulterbereich, also entzündliche Ablagerungen in der

Schulter. Dabei lassen sich die einzelnen Diagnosen – wie auch in Julias Fall – nicht immer klar voneinander abgrenzen: Es besteht häufig ein Impingementsyndrom neben einer „Kalkschulter" und einer Sehnen-, also Rotatorenmanschettenläsion. In meinem ersten Jahr der Niederlassung habe ich relativ unbedarft Physiotherapie nach Schulteroperationen auf die verschiedenen Krankheitsschlüssel rezeptiert. Für mich ist es logisch, dass nach einer Schulter-OP eine Physiotherapie zwingend erforderlich und maßgeblich für den postoperativen Heilungserfolg ist.

Dann kam die berühmt-berüchtigte Post von der Gemeinsamen Prüfungseinrichtung der gesetzlichen Krankenkassen mit der Forderung im beinahe sechsstelligen Bereich – und mir blieb kurz die Luft weg. Es folgten Beratungsgespräche mit der Kassenärztlichen Vereinigung, die meine Wissenslücken schlossen: „Frau Dalhaus, die M75.1 wäre ok gewesen und liegt im sogenannten besonderen Verordnungsbedarf – aber die M75.3 führt zum Regress." Mit derartigen bürokratischen Fallstricken hatte ich in der Tat nicht gerechnet. Und man darf hier auf keinen Fall die Frage nach dem gesunden Menschenverstand stellen!

» Mein Kommentar: Finanzielle Forderungen im fünfstelligen Bereich sind nur die Spitze des Eisbergs eines im wahrsten Sinne des Wortes „ver-rückten" Systems!

Mittlerweile bin ich Heilmittelexperte und verschreibe, was möglich ist. Dies hat jedoch Grenzen, sodass mir auch immer wieder der Satz über die Lippen kommt: „Ich halte die Physiotherapie weiterhin für sinnvoll und notwendig, möchte sie aber nicht für Sie bezahlen, sodass ich Ihnen kein weiteres Rezept für Krankengymnastik ausstellen kann." Verrücktes System! Und da darf sich auch keiner wundern, wenn sich junge Kollegen vor einer Niederlassung scheuen. Derartige Spitzfindigkeiten, die einem über Nacht finanzielle Forderungen im fünfstelligen Bereich einhandeln können, muss man halt auch erst mal aushalten können. Neben der nicht geringen medizinischen Verantwortung, die man als Arzt ohnehin schon trägt, kommt hier eine juristisch-finanzielle Unwägbarkeit hinzu, die der ein oder andere Kollege nicht tragen möchte. Und das kann ich an schlechten Tagen sogar hin und wieder nachvollziehen.

Fall 20: „Die Patientin ist doch nicht palliativ"

Maria Klosterhalfen ist eine vom Leben gezeichnete Frau. Die 80-Jährige ist aufgrund einer Herzerkrankung auf ein Sauerstoffgerät angewiesen. Eine chronische Lungenerkrankung hat im Verlauf dazu geführt, dass selbst mit Sauerstoff kleinste körperliche Anstrengungen unmöglich für sie sind. In den vergangenen Wochen verschlechterte sich ihr Zustand in rasendem Tempo: Waren zuerst noch kleine Runden am Rollator und mit mobilem Sauerstoffgerät in dem hübschen Stadtpark vor ihrer Wohnanlage möglich, reicht die Kraft nun kaum noch für den Gang daheim vom Wohnzimmer ins Bad. Die Kombination aus fortgeschrittener Herz- und Lungenerkrankung führte schließlich dazu, dass es keine weitere Therapieoption gab. Aufgrund der zunehmenden Luftnot bespreche ich also mit der Patientin und ihren Angehörigen die Möglichkeiten einer palliativen Versorgung.

In unserer Region gibt es das Palliativnetz Kreis Borken Süd. Das Konzept ist sinnig durchdacht, und die beteiligten Mitarbeiter leisten Großartiges. Denn wie es das Leben so will, entstehen medizinische Probleme und Notsituationen häufig nachts und am Wochenende. In ihrer Not rufen Angehörige dann in der Regel die 112 an. Rettungsdienst und Notarzt sind jedoch auf „Leben retten" und schnellen Transport ins Krankenhaus programmiert. Palliativmedizin gehört nicht zur Expertise des Rettungspersonals; dieses ist dafür schlichtweg der falsche Ansprechpartner. Damit in solchen Notsituationen eben nicht die 112 gerufen werden muss, bereitet das Palliativnetz auf sämtliche Fragestellungen und medizinischen Probleme am Ende eines Lebens vor: Zu Hause beim Patienten befindet sich eine Medikamentenbox mit einem Palliativplan, auf dem für alle möglichen Beschwerden Bedarfsmedikation zu finden ist, beispielsweise bei Schmerzen, Angst, Luftnot oder Übelkeit. Es gibt Patienten und Angehörigen Sicherheit, wenn sie wissen, dass sie auf Beschwerden auch nachts um drei Uhr adäquat reagieren können. Darüber hinaus stehen an sieben Tagen in der Woche 24 h täglich ein Palliativarzt und ein Pflegedienst zur Verfügung, der statt der 112 angerufen werden kann. Das Palliativnetz stellt auf diese Weise sicher, dass Leiden deutlich gemindert und so ein Sterben im häuslichen Umfeld ermöglicht wird.

Genau diese Möglichkeiten erkläre ich Frau Klosterhalfen und ihrer Familie, und gemeinsam erinnern wir uns daran, dass die Patientin stets geäußert hat, dass sie zu Hause sterben und nicht mehr ins Krankenhaus gebracht werden möchte. Ich kann das gut verstehen. Maria Klosterhalfen hat mehr als 50 Jahre in diesem Haus gelebt, am Stadtrand mit Blick ins weite Grün. Öffnet man ein Fenster, kann man es sogar riechen. Menschen, die auf dem Land leben, werden es kennen: Die Natur riecht je nach Jahreszeit völlig unterschiedlich. In der Stadt, und besonders in einem sterilen Zimmer eines Krankenhauses, bleibt die Welt draußen, man selbst fühlt sich isoliert. Ich würde auch lieber in meinen eigenen vier Wänden mit Blick in die Natur aus dem Leben scheiden. Loriot hat in dem berühmten Fragebogen von Marcel Proust auf die Frage „Wie möchten Sie sterben?" mit „Morgenlich leuchtend im rosigen Schein" geantwortet. Dem schließe ich mich an. Alternativ wähle ich die Variante von Reinhard Mey: „Im Stehen". Und Maria Klosterhalfen hat entschieden, zu Hause im eigenen Bett vor dem großen Fenster für immer einzuschlafen. Doch bis dahin geht es darum, ihr die Umstände so angenehm wie möglich zu machen.

Damit jemand in das Palliativprogramm aufgenommen wird, melden wir Ärzte dies bei der jeweiligen Krankenkasse der Patienten mit einer entsprechenden Diagnose an. Erst nach der Einschreibung erhält der Patient die Medikamentenbox und kann auf Leistungen des Palliativnetzes zugreifen. Frau Klosterhalfen habe ich bereits vor einigen Wochen mit den Diagnosen „Dekompensierte und austherapierte Herzinsuffizienz mit zunehmendem Lungenödem und COPD GOLD IV" in das Palliativprogramm eingeschrieben. Lapidar übersetzt würde man in Westfalen sagen: „Die Pumpe macht's nicht mehr lange". Das bestätigt sich auch drei Tage später: Frau Klosterhalfen stellt Essen und Trinken ein, wird schließlich gar nicht mehr wach und verschläft meinen letzten Hausbesuch. An den letzten beiden Tagen gibt es auch keinen Grund mehr, den Schlafanzug zu wechseln. Maria Klosterhalfen schläft friedlich, schmerzfrei und ohne Luftnot zwei Tage nach meinem letzten Besuch ein. Es ist ein warmer Tag im Mai, an dem sie aus dem Leben tritt und

ich das alte, rot verklinkerte Einfamilienhaus in der ver-
kehrsberuhigten Spielstraße am Ortsrand ein letztes Mal
zur Leichenschau betrete.

Zwei Wochen später erhalte ich Post von der Viactiv,
der Krankenkasse von Frau Klosterhalfen. Man informiert
mich, dass die Versicherte nicht palliativ sei und die Kasse
daher die Kosten für die Palliativpflege nicht übernehmen
werde. Ich bearbeite täglich überflüssige Anfragen von
Krankenkassen – aber eine Ablehnung der Palliativein-
schreibung einer Patientin, die bereits verstorben ist, stellt
sich dann doch als ein absolutes Novum dar. Kurz über-
lege ich, welcher Kommunikationsweg der einfachere ist:
ein entsprechendes Antwortschreiben oder die Warteschleife einer 0800er-Telefonnummer bei der Krankenkasse. Ich entscheide mich für das Telefon. Nach zehn
Minuten Warteschleife habe ich eine freundliche Mitarbeiterin an der Strippe. Sie erklärt mir, dass die Versicherte Klosterhalfen nicht palliativ gewesen sei, da sie ja
keine Krebserkrankung und keine Demenz gehabt habe.
„Man kann nach Ihrer Auffassung im Alter also nur an
Krebs oder Demenz versterben?", frage ich am Telefon
mit einem etwas schnippischen Unterton nach, nachdem ich meine Sprache wiedergefunden habe. „Nein, so
ist das nicht zu verstehen. Aber beim Palliativprogramm
muss das Sterben ja absehbar sein", versucht sich meine
Gesprächspartnerin an einer Erklärung. Völlig irritiert
erwidere ich daraufhin unwirsch: „Naja, aber die Patientin
hat ja bewiesen, dass sie palliativ war. Sie ist ja schon verstorben." Tatsächlich bemerke ich am anderen Ende kurz
eine Stille. Ich bin immer noch völlig überfordert mit dem
Inhalt und der Wendung dieses Gesprächs. Schließlich
entgegnet die Viactiv-Mitarbeiterin: „Ach so, ja gut. Dann
müssen wir das neu bewerten." „Ja, das glaube ich auch",
ist meine abschließende Bemerkung, und das Gespräch ist
für heute beendet.

» Mein Kommentar: Hausärzte haben weder zeitliche noch mentale Kapazitäten für den Unfug, den Krankenkassen so manchmal veranstalten.

Mich ärgert die Tatsache, dass bei manchen Krankenkassen offensichtlich wenig medizinischer Sachverstand agiert. Würde ich im Alltag nicht tatsächlich immer wieder derartige Telefonate führen, könnte man so etwas für einen schlechten Sketch in einer Verstehen-Sie-Spaß-Sendung halten. Solche Prozesse kosten mich Zeit und Nerven, die ich zugegebenermaßen nicht immer in ausreichendem Maße habe. In Zeiten von hochgradigem Ärztemangel und inmitten bzw. nach einer wie auch immer zu bewertenden Corona-Pandemie habe ich weder zeitliche noch gedankliche Kapazitäten, solchen Krankenkassen-Unfug mitzumachen oder sogar noch zu bearbeiten. Nach Quellen der Kassenärztlichen Bundesvereinigung entfielen im Jahr 2016 in deutschen Vertragsarztpraxen 52 Mio. Arbeitsstunden auf Bürokratie, also Anfragen von Krankenkassen oder Medizinischem Dienst sowie Dokumentationen aller Art. 2019 stieg dieser Aufwand auf 56 Mio. Arbeitsstunden. Kein Thema: Geregelte Prozesse müssen sein, und mit sinnvollen Anfragen komme ich auch einigermaßen klar – doch ehrlicherweise erscheinen mir inzwischen die wenigsten Anfragen sinnvoll, gerechtfertigt oder in irgendeiner Weise nützlich. So ein Quatsch wie in dem geschilderten Fall von Frau Klosterhalfen macht mich nur noch wahnsinnig – übrigens ganz genau wie Anfragen zu Sitzwinkeln in Rollstühlen, die ich allen Ernstes jedes Mal erhalte, wenn ich einen irgendwie gearteten Multifunktionsrollstuhl oder

Pflegerollstuhl verordne. Meine ärztliche Zeit wird hier sehr wenig wertgeschätzt. „Wir brauchen das dann nur noch einmal schriftlich von Ihnen. Vielleicht können Sie den Fall noch mal eben so schriftlich zusammenfassen, wie Sie es mir gerade erklärt haben?" Diese Antwort ist mein Favorit, wenn ich geglaubt habe, ich könnte bei einer Krankenkasse oder Behörde „mal eben" etwas telefonisch klären. Umgekehrt funktioniert das allerdings nie! Unsere Praxis hatte der Techniker Krankenkasse 2018 eine fehlerhafte Abrechnung nachgewiesen und am Jahresende bei unserem Steuerberater festgestellt, dass gut 50.000 € in unserem Budget fehlten. Als wir den Fehler gefunden, nachgewiesen und den ganzen Sachverhalt ausführlich schriftlich bei der TK eingereicht hatten, stand im Antwortschreiben folgender Satz: „Ihre Forderung ist bei uns eingegangen. Zur Prüfung benötigen wir nun Zeit. Bitte sehen Sie von Nachfragen ab, wir kommen im weiteren Verlauf schriftlich auf Sie zu." Ich sollte diese Antwort eigentlich für mich übernehmen. Wenn irgendjemand in Zukunft etwas Schriftliches von mir wünscht, habe ich den passenden Satz schon parat: „Ihr Anliegen ist bei mir eingegangen. Zur Prüfung benötige ich Zeit. Bitte sehen Sie von Nachfragen aller Art ab. Ich komme auf Sie zu." Und dann bleibt das – wie im Fall der Regresse – erst mal zwei Jahre auf dem Schreibtisch liegen. Das ist eine durchaus überlegenswerte Strategie für mich und die Hausarztbranche, oder etwa nicht?

Fall 21: „Es sind nicht alle konservativen Maßnahmen ausgeschöpft"

In meiner Funktion als Ernährungsmedizinerin betreue ich Patienten mit hochgradiger Adipositas. Fettleibigkeit ist seit 2005 eine Erkrankung im krankenversicherungsrechtlichen

Sinn und betrifft leider immer mehr Patienten. Dabei geht es nicht um zehn Kilogramm zu viel auf der Waage, sondern um krankmachendes Übergewicht mit zum Teil mehr als 200 kg Körpergewicht und einem Body-Mass-Index von 70 kg/qm.

Was bedeutet der BMI?
Der Body-Mass-Index (BMI) ist ein mathematischer Wert zur Klassifikation des Körpergewichts. Dabei gilt: Körpergewicht in kg $\div$ (Körpergröße in m)^2 = BMI. Ein Wert zwischen 25 und 30 definiert Übergewicht, ein BMI ab 30 eine Adipositas, ein BMI ab 40 eine Adipositas Grad III.

Andreas Schilling hat schon in jungen Jahren erhebliche Konsequenzen seines Übergewichts erfahren müssen: Der 34-Jährige erlitt bereits eine Lungenembolie, also ein verstopftes Gefäß in der Lunge auf dem Boden einer Herzrhythmusstörung. Die Konsequenz ist schon jetzt eine deutlich verminderte Herzleistung. Die Hausmedikation von Herrn Schilling liest sich wie bei einem 70-jährigen Herzpatienten. Sein Körpergewicht von 224 kg bedingt seinen schlechten Gesundheitszustand. Socken anziehen und Schuhe binden sind schwierige Aufgaben, und ein defekter Aufzug oder eine stillgelegte Rolltreppe stellen manchmal unüberwindbare Hindernisse im Alltag des Handwerkers dar. Auch die Arbeit als Tischler ist mittlerweile derart anstrengend, dass Herr Schilling sich die Frage stellt, wie lange er überhaupt noch arbeitsfähig ist.

Die Leitlinie zur Behandlung der Adipositas sieht ein sogenanntes sechsmonatiges multimodales Therapiekonzept (MMK) vor. Dabei absolviert der Patient eine Ernährungsberatung, treibt Rehasport, nimmt an einer Selbsthilfegruppe teil und stellt sich regelmäßig beim koordinierenden Arzt vor. Definiertes Ziel des MMK ist ein Gewichtsverlust von zehn Prozent des Übergewichts nach einem halben Jahr.

Ein Wort zum Übergewicht

Angenommen wird ein Normalgewicht mit einem BMI von 25 kg/qm. Bei einer Körpergröße von 1,7 m ergibt dies ein Körpergewicht von 75 kg. Wiegt ein Patient 100 kg, hat er 25 kg Übergewicht. Soll er 10 % seines Übergewichts abnehmen, wären dies in diesem Beispiel 2,5 kg.

Wird im Rahmen dieses MMK kein adäquater Gewichtsverlust erreicht, kommen Maßnahmen der Adipositaschirurgie in Frage. Aufgrund des hohen BMI reichte bei Andreas Schilling laut Leitlinie sogar eine dokumentierte Teilnahme über drei Monate aus, um derartige Maßnahmen in Betracht ziehen zu können.

Herr Schilling konnte unter der konservativen Therapie sieben Kilogramm abnehmen, trotzdem zeigte die Waage immer noch ein Gewicht jenseits der 200 kg. Wir entschieden uns daher nun für eine operative Therapie der Adipositas. Dafür hat sich der Patient bereits bei einer Psychiaterin zur Begutachtung vorgestellt, ein chirurgisches Gutachten eingeholt und notwendige Antragsunterlagen der Ernährungsberaterin, der Selbsthilfegruppe und des Rehasports zusammengestellt.

„Herr Schilling, wir wollen heute den Antrag zur Kostenübernahme einer Magenbypass-Operation besprechen", begrüße ich meinen Patienten in der Sprechstunde. Er überreicht mir seine Dokumente, die ich mit meinem ernährungsmedizinischen Gutachten und den Ergebnissen der durchgeführten Laboruntersuchungen ergänze. „Alles komplett, perfekt", resümiere ich. Das Anschreiben an die Krankenkasse habe ich vorbereitet, lege es Herrn Schilling zur Unterschrift vor und verpacke alles in einen großen Umschlag. „Diesen geben Sie bei Ihrer Krankenkasse ab oder schicken ihn per Post als Einschreiben. Sobald Sie etwas von der IKK hören, melden Sie sich bei mir, dann besprechen wir die OP-Vorbereitung und den Termin mit dem Adipositas-Centrum

Münster", erkläre ich ihm und zeige so den weiteren Weg auf. Hochmotiviert verlässt Herr Schilling die Praxis.

Ich gehe fest von einer Kostenübernahme und Genehmigung unseres Antrags durch die IKK aus, haben wir doch exakt alle Vorgaben zur OP-Voraussetzung erfüllt. Darüber hinaus ist völlig unzweifelhaft: Herr Schilling ist durch seine hochgradige Adipositas bereits in so jungen Jahren derart in seiner Gesundheit geschädigt, dass alles andere als eine Magenbypass-Operation einfach nur grobe Fahrlässigkeit darstellen würde. Leider habe ich die Rechnung ohne die Krankenkasse gemacht. Völlig enttäuscht und hilflos mailt Herr Schilling mir die Ablehnung seiner Krankenversicherung – es seien noch nicht alle konservativen Maßnahmen ausgeschöpft, so die schriftliche Begründung.

Augenblicklich steigen bei mir Puls und Blutdruck. Ich fasse zusammen: Hier handelt es sich um einen 34-jährigen Handwerker in einem bedenklichen Zustand nach einer Lungenembolie auf dem Boden einer Herzrhythmusstörung mit deutlich verminderter Herzleistung. Am Anfang dieser ganzen Kausalkette steht eine massive Adipositas mit einem BMI von 68 kg/qm – und die Krankenkasse meint, es bestünde in diesem Fall keine OP-Indikation? Das macht mich fertig. Entweder hat der Sachbearbeiter keine Ahnung. oder die Kassen sind derart bankrott, dass nun wirklich alles, was beantragt wird, eine Ablehnung erfährt.

Ich rufe meinen Patienten an: „Hallo, Herr Schilling, ich habe es gerade gelesen und mich darüber aufgeregt! Das lassen wir nicht so stehen. Formulieren Sie bitte in einem Brief, dass Sie fristgerecht Widerspruch einlegen und die Begründung durch Ihre Ernährungsmedizinerin folgt. Dann schreibe ich etwas Passendes." Da ich mich immer noch extrem ärgere, verschiebe ich die

Formulierung des Briefes auf den kommenden Tag – sonst könnte es passieren, dass ich unsachlich werde.

Am nächsten Tag schaue ich mir die Ablehnung der Krankenkasse genauer an: Die IKK bittet um ein Pflegegutachten. Für einen 34-Jährigen? Nun gut. Sie bittet außerdem um eine Vorstellung beim Facharzt für Endokrinologie. Warum? Ich habe sämtliche Hormondiagnostik einschließlich eines Dexamethason-Hemmtests zur Überprüfung des Cortisol-Stoffwechsels gemacht. Aber ich bin halt kein Facharzt beziehungsweise eben nur einer für Allgemeinmedizin mit der Zusatzbezeichnung Ernährungsmedizin. Diese Aspekte greife ich heraus, stelle erneut die Unterlagen zusammen und beende den Widerspruch mit dem Hinweis, dass wir unter Umständen auf einer persönlichen Begutachtung des Patienten bestehen.

Immerhin, der schriftliche Widerspruch ist von Erfolg gekrönt: Vier Wochen später sitzt Herr Schilling strahlend mit einer Kostenzusage seiner Krankenkasse in meiner Sprechstunde. Ich freue mich mit ihm und für ihn, denn er legt jetzt den Grundstein dafür, dass er seinen Beruf auch weiterhin ausüben kann und ihm weitere Komplikationen seiner Herzerkrankung hoffentlich erspart bleiben.

» Mein Kommentar: KI-Verarbeitung von Anträgen und automatisierte Absagen sind allzu oft Krankenkassenstandard und gehören schnellstens abgeschafft!

Die schriftliche Auseinandersetzung mit der Krankenkasse frustriert mich. Jeder Unfallchirurg darf ohne Wenn und

Aber einem 90-Jährigen die Wirbelsäule versteifen oder eine neue Hüfte einbauen. Ich stelle einen Antrag auf Kostenübernahme einer dringend indizierten Operation und dokumentiere in diesem Antrag das nach Leitlinie vorausgegangene Behandlungskonzept, um dafür eine Pauschalabsage zu erhalten. Dann formuliere ich einen gepfefferten Widerspruch und die Zusage kommt prompt. Das ist für mich eine unglaubliche Zeit- und Kostenverschwendung und zermürbt mich in meinem Arbeitsalltag. Da hilft übrigens auch keine Digitalisierung!

Drei Fragen an Dr. Volker Schrage, Vorstand Kassenärztliche Vereinigung Westfalen-Lippe

„Misstrauenskultur abbauen und Patientenversorgung in den Fokus rücken", Dr. Volker Schrage.

1. Seit Jahren wird Bürokratieabbau versprochen – warum gelingt dieser nicht?
Es ist leicht, etwas schwer zu machen – aber schwer, etwas leicht zu machen.

Die Regelungswut im Gesundheitswesen nimmt immer mehr zu. Das liegt zum einen an der Komplexität der Verwaltungsstrukturen, insbesondere verschärft sich das Problem aber in der letzten Zeit durch schnell dahingeworfene Regelungen von Gesetzen und der dazu notwendigen untergesetzlichen Normen. Teilweise kommen im Wochentakt neue Erlasse und Gesetze auf Bundes- und Landesebene dazu, so dass die Selbstverwaltungsorgane von Leistungserbringern und gesetzlichen Krankenkassen kaum noch in der Umsetzung nachkommen und dabei an ihre Leistungsgrenze kommen.

Zuweilen wird auch die Interessenvertretung der einzelnen Organisationen im Gesundheitswesen dafür verantwortlich gemacht, dass die Regelungen komplex sind, weil viele verschiedene Interessen berücksichtigt werden müssen. Diese Interessenvertretung ist jedoch berechtigt und notwendig, damit das Gesundheitswesen funktioniert. Nur wenn alle Beteiligten ihre Sichtweisen einbringen und ihren berechtigten Interessen Gehör verschaffen, wird ein funktionsfähiges Ganzes daraus.

Verwirrt das den Leser? Vermutlich ist das für einen neutralen Betrachter irritierend, so wie das auch im Steuerrecht, bei Subventionen und anderen Sozialsystemen oft der Fall ist. Im Gesundheitswesen gibt es aber seit Jahren Bemühungen, das zu beeinflussen. Das geschieht zum Beispiel dadurch, dass bei der Kassenärztlichen Bundesvereinigung und im Gemeinsamen Bundesausschuss bei gewissen Entscheidungen der Bürokratiekostenindex gemessen wird. Die daraus gezogenen Schlüsse führen zumindest zu einer gewissen Eindämmung der Vorschriften, diese sind aber in Anbetracht der Flut an Regelungen nicht ausreichend.

Bürokratie ist in sich selbst nichts Schlimmes und wird als Regelungsrahmen für die tägliche Tätigkeit benötigt. Sie darf nur nicht ausufern und sie muss an der Belastung im Leistungsbereich (zum Beispiel in Krankenhäusern und Arztpraxen) gemessen werden. Das im Blick zu haben, wäre ein richtiger Schritt. Von der Politik wünsche ich mir eine ruhigere Hand unter Mitwirkung der Beteiligten im Gesundheitswesen. Die Misstrauenskultur gegenüber den Leistungserbringern sollte abgebaut werden und stattdessen mehr die Patientenversorgung in den Fokus rücken.

2. Die Digitalisierung hat den ärztlichen Alltag bisher erschwert anstatt vereinfacht. Droht sie zu scheitern und wenn ja, wie könnte das aus Ihrer Sicht verhindert werden?

An eine Arbeit im Gesundheitswesen ist ohne Digitalisierung nicht mehr zu denken. Sie hat die Arbeit auch nicht erschwert, vielmehr hat sie in vielen Bereichen zu einer Erleichterung geführt. So sind die rechtsfeste Dokumentation und die Leistungsabrechnung genau wie eine sinnvolle Leistungskontrolle durch Digitalisierung möglich. Das wäre mit dem heutigen Leistungsanspruch analog nicht mehr zu erbringen.

Das Problem sind aber die häufig in der praktischen Arbeit nicht zu handhabenden Anwendungen. Beispielhaft erwähnen möchte ich für die Arbeit in einer Vertragsarztpraxis das Chaos mit den Konnektoren, das Desaster mit dem E-Rezept und die immer noch fehlende breite Anwendung einer digitalen Kommunikation zwischen den Leistungserbringern. Am häufigsten scheitert die Digitalisierung an der mangelhaften Umsetzung in der Praxis. Da werden in theoretischen Denkstuben wunderbare Produkte entwickelt, die letztendlich in der Praxis nur schlecht einsetzbar sind. So fehlen zum einen die Schnittstellen zu Praxisverwaltungssystemen, zum anderen ist der Anwendungsprozess in der Praxis zu kompliziert und teilweise langwierig. In einer Vertragsarztpraxis und in einem Krankenhaus geht es um die Behandlung von Menschen – die Digitalisierung ist ein Mittel zum Zweck. Davon müssen Gesetzgeber, Entwickler und besonders die Systemhäuser überzeugt werden.

Eines muss klar sein: Das Gros der Vertragsärzte will die Digitalisierung, weil sie sich davon eine Arbeitserleichterung erhoffen. Den daraus entstehenden Zeitgewinn möchten die Arztpraxen gerne in die Patientenbehandlung investieren. Eine Digitalisierung, die sich selbst im Mittelpunkt sieht und die verbesserte Patientenversorgung hingegen nicht im Blickpunkt hat, wird strikt abgelehnt.

3. Was würden Sie als erstes in unserem Gesundheitssystem verändern wollen?

In Anbetracht der knapper werdenden Ressourcen in unserem Gesundheitswesen mit steigendem Leistungsangebot durch

*die diagnostisch-therapeutische Entwicklung und dem gegen-
überstehenden Mehrbedarf durch den fortschreitenden demografischen Wandel, ist eine Patientensteuerung zwingend
zu erarbeiten. Bei dem immer breiter werdenden Angebot
im Gesundheitswesen kann den Patienten nicht zugemutet
werden, den Weg durch das Dickicht allein zu bewältigen.
Zudem werden viele Bereiche im Gesundheitswesen durch
nicht angebrachte Inanspruchnahme belastet, wobei die
regelgerechte Arbeitsbelastung schon kaum zu bewältigen ist.
Als Beispiele lassen sich nennen: Fehlinanspruchnahme der
Krankenhausambulanzen am Wochenende durch nicht not-
fällige Behandlungen und die Hausarztpraxis als Anlauf-
punkt für alle Fragen rund um die Gesundheit – auch wenn
diese zum Teil in den sozialen Bereich gehören.*

*Zuerst muss dabei die Frage geklärt werden, welche
Anliegen in den medizinischen (vertragsärztlich, stationär)
oder pflegerischen bzw. in den sozialen (öffentliche Daseins-
vorsorge, Sozialamt, Öffentlicher Gesundheitsdienst etc.)
Bereich gehören. Das wird nicht immer trennscharf zu
definieren sein. Die groben Belastungsblöcke aber müssen
definiert werden und das in regelmäßigen Abständen, da sich
die Umstände durch äußere Einflüsse (beispielsweise Gesetz-
gebungsverfahren) immer ändern. Auch ist im medizinisch,
pflegerischen und therapeutischen Bereich über ein Primär-
arztmodell zu beschließen. Dies muss graduell aufgebaut
werden. So können Vereinbarungen zu einem Primärarzt-
prinzip im ambulanten medizinischen Bereich relativ schnell
erarbeitet werden, da es dazu bereits Modelle gibt. Hier
könnten relativ schnell Klärungen der Behandlungspfade und
damit Hebung von Ressourcen bewerkstelligt werden.*

*Allerdings müssen unbedingt weitere Leistungsanbieter im
Gesundheitswesen (Pflege, Therapie) eingebunden werden.
Der stationäre Sektor muss erst einmal intern unter sich
Prioritäten klären. Der stationäre Sektor ist bei Weitem
der kostenintensivste und wird im Sinne der dringend*

reformbedürftigen Krankenhausbedarfsplanung deutliche Veränderungen erfahren. Die von vielen Kliniken geplante Öffnung für die ambulante Behandlung wird eher nicht zu einer Klärung der Behandlungspfade führen.

So sind die bisherigen Visionen von einer sektorübergreifenden Versorgung weder für die Patienten gewinnbringend noch für das Gesundheitssystem entlastend. Zu groß sind die unterschiedlichen Interessenlagen zwischen ambulant und stationär. Selbst die Kliniken untereinander driften in ihrer Interessenlage sehr weit auseinander.

Mit der Erarbeitung einer primärärztlichen Versorgung sollten die Organe der Selbstverwaltung und die betroffenen Verbände betraut werden. Hier liegen ausreichende Erfahrungen vor.

Es ist in diesen Punkten wichtig, dass sich die Politik mit Augenmaß beteiligt! Sie muss nach ausreichender Diskussion mit den beteiligten Interessensvertretern Rahmenvorgaben erstellen und nicht selbst gestalten. Die letztgenannte Tendenz ist in den letzten Jahren zunehmend zu beobachten. Damit stellt die Politik die von ihr selbst installierten Selbstverwaltungsorgane in Frage. Es muss unbedingt ein gesundes Vertrauen zwischen der Politik auf der einen Seite und der Selbstverwaltung sowie Berufsverbänden auf der anderen Seite geschaffen werden.

Die Versorgung der Menschen in diesem Lande ist unsere Aufgabe und dieser Gedanke muss im Mittelpunkt des Handelns stehen.

Literatur

CCC. (2022). Chaos Computer Club spart dem Gesundheitssystem 400 Millionen Euro, Blogbeitrag vom 15.10.2022. https://www.ccc.de/updates/2022/konnektoren-400-millionen-geschenk. Zugegriffen: 29. Okt. 2022.

Kassenärztliche Bundesvereinigung KBV. (o. J.). Bürokratie-index. https://gesundheitsdaten.kbv.de/cms/html/43204.php. Zugegriffen: 29. Okt. 2022.

Wissenschaftliches Institut der AOK. (2022). Heilmittelbericht 2020/2021. https://www.wido.de/fileadmin/Dateien/Dokumente/Publikationen_Produkte/Buchreihen/Heilmittelbericht/wido_hei_heilmittelbericht_2021_2022_final.pdf und https://www.wido.de/fileadmin/Dateien/Dokumente/Publikationen_Produkte/Buchreihen/Heilmittelbericht/wido_hei_heilmittelbericht_2021_2022_final.pdf. Zugegriffen: 29. Okt. 2022.

5

Exkurs: Ein Wort zur Corona-Pandemie

Illustration: Cla Gleiser

Oktober 2020. Die Corona-Pandemie hat uns fest im Griff. Von einem Impfstoff sind wir weit entfernt. Unsere Hauptinformationsquellen sind nicht etwa offizielle Stellen wie die Kassenärztliche Vereinigung oder die Ministerien der Länder, sondern – wie für alle anderen auch – die laufenden Nachrichten. Nachdem unsere Praxis im Frühjahr kurzerhand ein medizinisches Callcenter aus dem Boden gestampft hatte, sind wir nun dazu übergegangen, flächendeckende Corona-Tests durchzuführen. Jeden Mittag fahren wir mit einem kleinen Team in eine Schule oder Kita und testen Lehrer und Erzieher auf das Corona-Virus – und das tun wir im Akkord. Die Abläufe haben wir zügig optimiert: In nicht mal einer Stunde testen wir fast einhundert Angestellte. Nahezu alle Bildungseinrichtungen in Borken greifen in dieser Zeit auf uns zurück. Es ist ein gutes Gefühl, sich so unmittelbar an der Pandemiebekämpfung zu beteiligen. Und ehrlich gesagt ist es auch ganz schön anstrengend. Völlig beeindruckt fragt eine Lehrerin des Berufskollegs, als wir buchstäblich im Sekundentakt die Corona-Abstriche durchführen: „Und das machen Sie jeden Tag?!" Ja, das machen wir. Das Arbeitsintensivste sind dabei übrigens nicht die Abstriche an sich, sondern die Dokumentation und Datenerfassung. Denn die finden anfangs noch mit Excel-Listen statt, die wir per Hand ausfüllen.

Fall 22: „Nein, zu Ihren Eltern können Sie nicht"

Dezember 2020. Frau Icken wartet bereits im Sprechzimmer auf mich, als ich den Raum betrete. Ich kenne sie nur flüchtig. Die 44-Jährige ist selten krank und benötigt auch keine Dauermedikation. Mit Schwung und gut gelaunt öffne ich die Tür. „Hallo, Frau Icken, schön, Sie zu sehen! Was kann ich für Sie tun?" Da es sich um einen Termin in unserer Notfallsprechstunde handelt, begleitet mich eine Medizinische Fachangestellte (MFA), die in der Notfallsprechstunde immer den Dokumentationspart am Computer übernimmt. Erst jetzt bemerke ich, dass Frau Icken dicke Tränen in den Augen hat. Ich gebe der MFA ein Zeichen, uns bitte alleine zu lassen. Ohne Worte stelle ich ihr eine Schachtel Taschentücher hin und nehme am Schreibtisch Platz. „Erzählen Sie einfach", fordere ich Frau Icken auf und schäme mich etwas für meine eingangs zur Schau getragene gute Laune.

Umständlich versucht Frau Icken, sich unter der FFP2-Maske die Nase zu putzen. Ich reagiere nicht schnell genug, um ihr zu sagen, dass sie den Mund-Nasen-Schutz dafür abnehmen kann. Schließlich startet sie ihren Bericht: „Ich habe vor etwa drei Wochen meine Mutter mit Corona angesteckt. Ich war nach einigen Tagen und einem leichten Schnupfen mit dem Thema durch. Meine Mutter hat allerdings dann meinen Vater angesteckt, und mittlerweile liegen beide im Krankenhaus – mein Vater auf der Intensivstation und meine Mutter auf der Normalstation. Meinem Vater geht es sehr schlecht, meine Mutter wird es wohl schaffen. Aber ich kann keinen von beiden besuchen. Was soll ich nur machen?" Die letzte Frage flüstert sie nahezu, reißt sich dann sichtlich zusammen, um weitere Tränen zu unterdrücken. Mir fällt erst mal nichts Passendes oder Tröstendes ein. Und das formuliere ich dann auch so: „Frau Icken, ich weiß gar nicht, was ich sagen soll. Das tut mir unendlich leid. Ich finde es auch nicht nachvollziehbar, dass Sie Ihre Familie nicht besuchen können."

„Ich habe große Angst, dass mein Vater alleine stirbt und ich ihn nicht mal mehr gesehen habe. Ich bin hier, weil ich fragen wollte, ob Sie mich krankschreiben können. Die Arbeit schaffe ich gerade nicht mehr." Froh, von meiner Patientin einen konkreten Auftrag erhalten zu haben, entgegne ich: „Ja klar, das kann ich total gut verstehen. Die AU stelle ich Ihnen erst mal bis Ende nächster Woche aus. Kann ich noch etwas für Sie tun?" „Nein, danke, die AU hilft mir schon mal." Immer noch sehr niedergeschlagen steht Frau Icken auf und dreht sich, die Türklinke in der Hand, noch einmal zu mir um. „Sie können für meinen Vater beten, vielleicht hilft es ja." Puh, das ist hart.

Frau Icken wird weder ihren Vater noch ihre Mutter wiedersehen. Der Vater wird am zweiten Weihnachtstag allein auf der Intensivstation versterben, die Mutter schließlich vierzehn Tage später, ebenfalls ohne Angehörige auf der Intensivstation. Frau Icken leidet bis heute unter dieser Erfahrung und unter dem Gefühl, für den Tod ihrer Eltern verantwortlich zu sein.

In der Rückschau bestätigen alle Beteiligten, dass es ein großer Fehler, um nicht zu sagen unmenschlich war, Familien auf diese Weise zu trennen. Wie sagte der damals amtierende Bundesgesundheitsminister Jens Spahn auf einer der vielen Pressekonferenzen: „Wir werden einander viel verzeihen müssen." Zumindest damit hat er sehr richtig gelegen.

Fall 23: „Dirk, haben wir eine Nuklearwaffe bestellt?"

Im April 2021 ist es endlich so weit. Nachdem wir sämtliche Altenheimbewohner als mobiles Impfteam mit den verfügbaren Corona-Impfstoffen versorgt haben, bekommen wir heute endlich Impfstoff in unsere Praxis geliefert, um mit dem Impfen auch hier vor Ort zu beginnen. Der Liefertermin wurde uns schriftlich für heute zwischen 6 und 7 Uhr angekündigt. Kein Witz: Es ist 6.05 Uhr am frühen Morgen, als ich von einem Fahrer der Spedition Kühne & Nagel das umzugskartongroße Paket entgegennehmen darf – selbstverständlich nur gegen Vorlage meines Personalausweises. Nach einer Unterschrift darf ich die große schwarze und verplombte Kiste dann auch endlich öffnen. Darin befindet sich, umgeben von Coolpacks, eine kleinere, strahlend weiße Styropor-Kiste. Und darin ist nochmals eine weitere Styroporkiste zu finden. „Dirk, haben wir eine Nuklearwaffe bestellt?", platzt es aus mir heraus, als ich nun die dritte Kiste in den Händen halte. Der Arztkollege schaut etwas irritiert um die Ecke. Es erinnert mich ein wenig an jene Kindergeburtstage, auf denen sich die Freunde einen Scherz damit erlaubt hatten, in einem gigantischen Geschenkkarton immer noch eine Portion kleinerer Kartons zu verstecken. Nach dem Öffnen der dritten Kiste halte ich schließlich ein Fläschchen mit Biontech Impfstoff in den Händen – tatsächlich. Ich glaube, auf diese Weise ist der Impfstoff nur in Deutschland verteilt worden. Das Matrjoschka-Prinzip lässt grüßen.

Fall 24: „Ich will aber Biontech!"

Herbst 2021. Mittlerweile sind vier Impfstoffe etabliert, davon zwei als sogenannte mRNA-Impfstoffe. Kurzerhand werden sie nach ihren Firmen benannt: Biontech, Moderna, Astra und Johnson. Biontech und Moderna sind als mRNA-Impfstoffe besonders beliebt. Bei der Impfung mit dem Präparat von AstraZeneca wurde durch das Paul-Ehrlich-Institut ein möglicher Zusammenhang mit Hirnthrombosen formuliert (PEI, 2021). Schließlich wird der Impfstoff von Biontech aufgrund begrenzter Verfügbarkeit für jüngere Personengruppen unter 60 Jahren reserviert. Das führt immer wieder zu Diskussionen mit Patienten und gipfelt manchmal in einer echten Auseinandersetzung. Die vielen Impftermine mit den unterschiedlichen Impfstoffen zu organisiere ist dabei für unsere Mitarbeiter eine echte Herausforderung. In schwierigen Fällen bitten die Medizinischen Fachangestellten um Unterstützung und Klärung der Situation. So auch in diesem Fall: Die 62-jährige Patientin Elisabeth Steinbach verlangt mit Nachdruck einen Impftermin mit Biontech. Da die MFA und Frau Steinbach auf keinen gemeinsamen Nenner kommen, bittet die Mitarbeiterin mich, das Gespräch zu übernehmen.

„Hallo, Frau Steinbach, was kann ich tun?", beginne ich die Unterhaltung. „Sie können mich mit Biontech impfen", legt die Patientin direkt los. „Tut mir leid. Das ist nicht möglich. Wir müssen uns da an die Regeln halten. Und die legen aktuell fest, dass Biontech bei jüngeren Patienten zum Einsatz kommt", versuche ich eine Erklärung der aktuellen Lage. Doch das beeindruckt Frau Steinbach gar nicht. „Aber Sie haben doch Biontech, und ich will ausschließlich diesen Impfstoff." „Stellen Sie sich vor, dass ich Ihnen eine Dosis Biontech gebe, und dann kann eine 27-jährige Schwangere nicht mehr geimpft werden. Das geht doch nicht. Jetzt ist eine Zeit, in der sich alle einfach mal an die Regeln halten müssen", versuche ich eine Klarstellung. Auch die gelingt nicht. „Das ist mir total egal. Ich interessiere mich gerade nur für meinen Impfschutz, und ich bin persönlich von Ihnen sehr enttäuscht, dass Sie meinen Wunsch einfach so ignorieren", beendet die Patientin das Telefonat und legt auf.

Völlig verdutzt schaue ich auf den Telefonhörer und kann kaum glauben, was ich gerade gehört habe. Dieser offen formulierte Egoismus macht mich fassungslos. Wohl auch hier kommt der Satz von Jens Spahn zum Tragen: „Wir werden einander viel verzeihen müssen." Wie wahr.

Fall 25: „Mein Sohn ist ein Höhlenmensch geworden"

Anfang 2022. Die Corona-Pandemie geht ins dritte Jahr. Und das hat Spuren hinterlassen — in Schulen, in Unternehmen, in Familien, bei jedem Einzelnen. Heute hat Tina Laage einen Termin in der Sprechstunde vereinbart. Die Mutter von zwei Teenagern hat eine anstrengende Zeit hinter sich. Ihr Mann ist seit mehr als zwei Jahren im Homeoffice. Der IT-Experte kann seine Arbeit von zu Hause aus erledigen, und weder er noch seine Firma haben eine Notwendigkeit gesehen, das Homeoffice wieder zu beenden. Frau Laage selbst arbeitet in Teilzeit bei der Post, Homeoffice war bei ihr also nie eine Option. Sarah Laage, die 17-jährige Tochter, hat sich ganz gut durch das Homeschooling und die soziale Isolation geschlagen. Der 12-jährige Max jedoch nicht. „Frau Dalhaus, mein Sohn ist zu einem Höhlenmenschen geworden. Er verlässt sein Zimmer nicht mehr, sitzt in Unterwäsche vor dem Computer und ernährt sich allenfalls von Chips und Tiefkühlpizza. Obwohl er ja wieder zum Fußballtraining gehen könnte, isoliert er sich total. Ich weiß nicht, was ich machen soll", berichtet Frau Laage besorgt.

Die Verzweiflung dieser Mutter ist spürbar, und eine große Hilflosigkeit erfüllt den Raum. Eine Lösung kann ich nicht anbieten, nur ein offenes Ohr für meine Patientin. Da Max nicht anwesend ist, beschränke ich mich auf meine Zuhörerrolle. Nachdem Frau Laage das Zimmer verlassen hat, brauche ich einen Moment. Familien haben während der Corona-Pandemie wirklich gelitten.

Dass ein Zusammenhang zwischen sozialen Kontakten und psychischer Gesundheit besteht, verwundert nicht. Die Corona-Pandemie hat auch Studien unter dieser Fragestellung nach vorn gebracht. Schließlich sind diese Fragen und vor allem die Suche nach eingängigen Erklärungen auch in der breiten Öffentlichkeit angekommen, nicht zuletzt aufgrund ihrer großen Relevanz. In ihrem Artikel fragte die Journalistin Veronika Hackenbroch im Politmagazin „Der Spiegel" einmal ganz direkt, ob Einsamkeit eigentlich alt mache. Sie resümiert: „Neue Studien zeigen einen Zusammenhang zwischen sozialen Kontakten und dem biologischen Alterungsprozess. Das Immunsystem spielt dabei wahrscheinlich eine wichtige Rolle" (Hackenbroch, 2022).

Diese Themen haben es jenseits einer wissenschaftlichen Fragestellung in die breite Öffentlichkeit geschafft, da die Corona-Pandemie so viele Menschen aus ihrer psychischen Bahn geworfen hat. Das Wissenschaftliche Institut der AOK hat im März 2022 seine Versicherten befragt und kam zu dem Ergebnis, dass 35 % der Personen im Alter zwischen drei und zwölf Jahren „Einbußen in der seelischen Gesundheit" (Zok, 2022) erlitten. Genauer wurde dies in der bundesweiten Längsschnittstudie COPSY zwischen Mai 2020 und Oktober 2021 in drei Wellen untersucht: Ulrike Ravens-Sieberer und ihre Kollegen fassen im Deutschen Ärzteblatt zusammen: „Die Beeinträchtigungen und psychischen Auffälligkeiten haben sich auf hohem Niveau stabilisiert" (Ravens-Sieberer, 2022). Neben der bundesweiten COPSY-Studie erfolgte eine detaillierte Befragung auf Landesebene in Hamburg. Anne Kaman und ihre Kollegen kamen zu folgendem Ergebnis: „Zwei Drittel der Hamburger Kinder und

Jugendlichen fühlten sich durch die Pandemie belastet. Ihre Lebenszufriedenheit und Lebensqualität haben sich im Vergleich zu der Zeit vor der Pandemie verschlechtert. Die Kinder und Jugendlichen berichteten häufiger psychosomatische Beschwerden wie Gereiztheit, Einschlafprobleme und Kopfschmerzen. Besonders belastet waren sozial benachteiligte Kinder" (Kaman et al., 2021). Eine Leipziger Forschergruppe hat den „Einfluss der COVID-19-Pandemie auf die ambulante psychotherapeutische Versorgung von Kindern und Jugendlichen" (Plötner et al., 2022) untersucht und fand heraus, dass sich die ohnehin schon langen Wartezeiten auf eine psychotherapeutische Behandlung seit Pandemiebeginn verdoppelt haben.

Und ich komme zu der Schlussfolgerung, dass erneut jene Generationen, die „nur mal kurz die Welt retten" sollen, wenig Gehör finden und ihre Bedürfnisse unter den Entscheidern keine besonders hohe Priorität besitzen.

Drei Fragen an Anke Richter-Scheer, Vorsitzende des Hausärzteverbandes Westfalen-Lippe

„Einfachere und schnellere Abläufe werden benötigt", Anke Richter-Scheer

1. Hat die Corona-Pandemie aus Ihrer Sicht nachhaltigen Einfluss auf die Gesundheitsversorgung in Deutschland?

„Noch leben wir in der Pandemie. Jetzt schon eine Aussage treffen zu können, welchen nachhaltigen Einfluss die Corona-Pandemie auf die Gesundheitsversorgung hat, ist zu früh."

2. Hat die Corona-Pandemie Schwächen unserer Gesundheitsversorgung offenbart – und wenn ja, welche?

„Was heißt Schwächen? Die Pandemie war für uns alle eine Herausforderung. Natürlich gab es hier und da Schwierigkeiten. Letztendlich aber wurden alle Personen- und Zielgruppen erreicht."

3. Was würden Sie als erstes in unserem Gesundheitssystem verändern wollen?

„Unter dem Aspekt des demografischen Wandels und dem damit verbundenen erhöhten Versorgungsbedarf benötigen wir einfachere und schnellere Abläufe, Stichpunkt Digitalisierung. Die Behandlung unserer Patienten könnte zusätzlich durch eine primär hausärztliche Versorgung optimiert werden. Das wären Punkte, die, um die Patientenversorgung zu sichern, dringend umgesetzt werden müssten."

Literatur

Hackenbroch, V. (1. Oktober 2022). Macht Einsamkeit alt? *Der Spiegel.* https://www.spiegel.de/wissenschaft/medizin/altern-und-soziale-kontakte-macht-einsamkeit-alt-a-eab2da62-4d1b-4171-b701-e8209e526a7c. Zugegriffen: 30. Okt. 2022.

Kaman, A., et al. (2021). Belastungserleben und psychische Auffälligkeiten von Kindern und Jugendlichen in Hamburg während der COVID-19-Pandemie. *Nervenheilkunde, 40*(5), 319–326.

PEI. (2021). Auftreten von Hirnvenenthrombosen nach Impfung mit dem COVID-19-Impfstoff AstraZeneca. Paul-Ehrlich-Institut, https://www.pei.de/DE/newsroom/hp-meldungen/2021/210322-auftreten-hirnvenenthrombosen-nach-impfung-covid-19-impfstoff-astrazeneca.html. Zugegriffen: 3. Nov. 2022.

Plötner, M., et al. (2022). Einfluss der COVID-19-Pandemie auf die ambulante psychotherapeutische Versorgung von Kindern und Jugendlichen. *Die Psychotherapie, 67*(6), 469–477.

Ravens-Sieberer, U. (2022). Seelische Gesundheit und Gesundheitsverhalten von Kindern und Eltern während der COVID-19-Pandemie. Deutsches Ärzteblatt. https://www.aerzteblatt.de/archiv/224865/Seelische-Gesundheit-und-Gesundheitsverhalten-von-Kindern-und-Eltern-waehrend-der-COVID-19-Pandemie. Zugegriffen: 30. Okt. 2022.

Zok, R., & Roick, C. (2022). Auswirkungen der Covid-19-Pandemie auf die psychische Gesundheit von Kindern. WIdO-monitor 2022, *19*(1), 1–12. https://www.wido.de/fileadmin/Dateien/Dokumente/Publikationen_Produkte/WIdOmonitor/wido_monitor_1_2022_pandemiebelastung_kinder.pdf. Zugegriffen: 30. Okt. 2022.

6

Gesundheitsversorgung morgen und übermorgen

Illustration: Cla Gleiser

© Der/die Autor(en), exklusiv lizenziert an Springer Fachmedien
Wiesbaden GmbH, ein Teil von Springer Nature 2023
L. Dalhaus, *Medizin zwischen Moral und Moneten*,
https://doi.org/10.1007/978-3-658-40043-9_6

„Wer Visionen hat, soll zum Arzt gehen." Helmut Schmidt, deutscher Bundeskanzler von 1974 bis 1982, wird in einem Interview mit dem Journalisten und Herausgeber Giovanni di Lorenzo auf dieses Zitat angesprochen – sicherlich eine der Aussagen, die oft und gerne angeführt werden, unter welcher Prämisse auch immer. Der Politiker bestreitet zwar nicht, das gesagt zu haben, rudert jedoch etwas zurück: Wahrscheinlich, so meint Schmidt sich zu erinnern, habe er den Satz in einem Interview vor rund 40 Jahren im Wahlkampf gesagt. „Da wurde ich gefragt: ‚Wo ist Ihre große Vision?' Und ich habe gesagt: ‚Wer eine Vision hat, der soll zum Arzt gehen.' Es war eine pampige Antwort auf eine dusselige Frage" (di Lorenzo, 2010).

Wie immer die Frage zu bewerten ist: Ich finde die Antwort aus gleich mehreren Gründen passend als Einstieg für dieses Kapitel, in dem ich auf die Gesundheitsversorgung morgen und übermorgen schauen möchte. Was braucht es, um ein System aufzusetzen, das nicht nur gerecht und nachhaltig für alle Beteiligten ist, sondern auch finanzierbar und tragbar? Verhandlungsgeschick, Diplomatie, Durchsetzungsvermögen, Weitblick, Gespür für drängende Probleme – das wird von Politikern und Ärzten gleichermaßen erwartet. Gehören Visionen auch dazu? Und wenn ja, auf welche Visionäre in Politik, Wissenschaft, Medizin und Gesellschaft können wir zugreifen, um Notwendigkeiten zu artikulieren und letztendlich Änderungen zu erreichen?

Schmidt hat in seiner Formulierung die Doppeldeutigkeit des Wortes „Visionen" genutzt. Denn es steht einerseits für eine langfristige Zukunftsvorstellung im Sinne einer Strategie und hat gleichzeitig die Bedeutung von Sinnestäuschung. Sind Leute mit Visionen tatsächlich nicht ganz richtig im Kopf? Wenn ich auf meine gesammelten Fälle schaue, dann frage ich mich schon, wer eigentlich nicht mehr ganz bei Trost ist, um das System in dieser Form noch zu befürworten, zu unterstützen, mit aller Macht und Kraft am Leben zu erhalten. Müssen wir auch weiterhin ein Gesundheitssystem akzeptieren, das weder die unmittelbare Problematik erkennt noch Ideen hat, um sich an zukünftigen Zielen zu orientieren?

Ich wünsche mir deutlich mehr Menschen, die mit der Diagnose „Visionär" einen Arzt aufsuchen – oder besser noch: eine Wahlkabine, eine öffentliche Demonstration, ein Gespräch mit Lobbyisten oder eine Debatte mit Entscheidern.

Welche Medizin wünschen wir uns als Gesellschaft, und wie viel sind wir bereit, für welche Leistungen und welche Art von Versorgung auszugeben? Diese Frage muss aus meiner Sicht offen und ehrlich gesellschaftlich diskutiert werden. Ich wünsche mir, dass die Fachpolitiker der Parteien Konzepte vorlegen, die zu einer seriösen Debatte führen, und dass wir als Wähler dann entscheiden, welches Konzept mehrheitsfähig ist. Es gilt das Prinzip: Jede Gesellschaft erhält die Medizin, die sie bezahlt. Nur ist nie einer gefragt worden, was denn wie bezahlt werden soll. Sind Pädiatrie, Gynäkologie und Psychiatrie für die Gesellschaft weniger relevant als Kardiologie, Radiologie und operative Augenheilkunde? Ich denke nicht. Die Welt-Redakteurin Freia Peters formuliert in einem Artikel zur „Geburtshilfe in der Krise", dass sich die medizinische Betreuung von Schwangeren dramatisch verschlechtert habe – mit der Begründung, Geburtshilfe rechne sich nicht für die Kliniken (Peters, 2022). Das Thema ist also längst in der breiten Öffentlichkeit angekommen.

Wünschenswerte Verläufe der skizzierten 21 Fälle aus meiner Sicht

Fall 1: Werner Uhlenbrock

Wegen eines Karpaltunnelsyndroms landet er nach sechs Monaten Arbeitsunfähigkeit in der Arbeitslosigkeit.

- Mein Kommentar: Aus persönlicher Perspektive tragisch, aus volkswirtschaftlicher Sicht dramatisch!
- Idealer Verlauf: Ich stelle mir vor, dass Herr Uhlenbrock mit meiner Überweisung zum Neurologen nach zwei Wochen dort einen Termin erhält und nach drei Wochen die NLG-Messung vorliegt. Nach weiteren zwei Wochen erfolgt die OP, und es braucht aufgrund der Wundheilung lediglich eine weitere Arbeitsunfähigkeitsbescheinigung für vierzehn Tage. Ergebnis: Die gesamte Arbeitsunfähigkeit dauert nicht länger als sieben Wochen. Und er würde heute noch als Zweiradmechaniker arbeiten.

Fall 2: Rainer Holtmann

Arzthopping, da nicht klar ist, wie Material zur Wundversorgung rezeptiert werden kann, und auch die Krankenkasse keine Hilfe bietet.

- Mein Kommentar: Jeder Euro kann nur einmal ausgegeben werden!
- Idealer Verlauf: Mein Anruf bei der Barmer Krankenkasse führt zu der mündlichen Zusage, die Kosten zu übernehmen, sofern ich die Kostenübernahme schriftlich mit entsprechender Falldarstellung beantrage. Damit wäre das Arzthopping überflüssig gewesen.

Fall 3: Elsbeth Lohne

Aufgrund einer übersehenen Lungenentzündung in einem kleinen Krankenhaus wurde sie intubiert und beatmet.

- Mein Kommentar: Marktwirtschaftliche Konkurrenz in der Krankenversorgung führt bei den Marktverlierern zu einer inakzeptablen Patientenversorgung.
- Idealer Verlauf: Ausreichende Personaldecke und Qualifikation für regelmäßige Visiten, die ihren Namen auch verdienen. Die betroffene Patientin lebt heute in einem Pflegeheim, da sie eine 24-stündige Betreuung benötigt. Ich stelle mir vor, sie wäre mit etwas Unterstützung zu ihrem Mann nach Hause entlassen worden.

Fall 4: Heinrich Walter

Er wurde mit einer Urosepsis wieder nach Hause geschickt.

- Mein Kommentar: Notfallversorgung ist im heutigen Gesundheitsmarkt kein lukratives Geschäft.
- Idealer Verlauf: Notfallversorgung wird ausreichend vergütet. Eine stationäre Aufnahme wäre umgehend erfolgt.

Fall 5: Jan Stellmann

Er leidet unter einer AU-pflichtigen Depression und hat keine Aussicht auf eine ambulante Psychotherapie.

- Mein Kommentar: Unser Gesundheitssystem hat in seiner aktuellen Ausgestaltung weder die Belange von psychisch Kranken noch die von Säuglingen, Kindern, Jugendlichen und jungen Erwachsenen im Fokus.

- Idealer Verlauf: Nur eine begrenzte Dauer der Arbeitsunfähigkeitsbescheinigung, da eine kurzfristige Krisenintervention online möglich ist. Nach erfolgten 25
Sitzungen Psychotherapie wäre die Arbeitsfähigkeit
wiederhergestellt worden.

Fall 6: Jule Euting

Sie brachte eine längere Odyssee hinter sich, da ihre
Beschwerden nicht ernst genommen wurden und keine
Ursachenforschung betrieben wurde. Schließlich erfolgte
die Diagnosestellung durch ein Kinderwunschzentrum,
ihre Unfruchtbarkeit wurde festgestellt.

- Mein Kommentar: Sowohl die Kapazitäten als auch der
Blick für Verläufe jenseits des Standards fehlen häufig!
- Idealer Verlauf: Der betreuende Gynäkologe veranlasst
eine entsprechende Hormondiagnostik und über-
weist dann nach Bedarf an einen höher spezialisierten
Kollegen.

Fall 7: Gustav Höing, Angelika Hoff und Ulla Richter

Der Down-Syndrom-Patient Gustav Höing wird in der
Notaufnahme nicht gehört und weggeschickt. Angelika
Hoff wird liegend zu ihrem Auto gebracht und nicht
stationär aufgenommen. Ulla Richter wird mit starken
Bauchschmerzen an den hausärztlichen Notdienst ver-
wiesen.

- Mein Kommentar: Der ambulante Sektor ist bereits
kollabiert. Die Notaufnahmen sind daher Anlaufstellen
für zu viele Patienten und längst nicht mehr Herr der
Lage. Notfallversorgung ist personalintensiv und unterfinanziert!
- Idealer Verlauf: Die Notaufnahmen erkennen die Notwendigkeit einer Behandlung und halten entsprechende

Kapazitäten zur stationären Aufnahme und Versorgung vor.

Fall 8: Maria Tillmann
Sie wird in hochpalliativer Situation im Krankenhaus belassen, obwohl sie zu Hause sterben möchte.

- Mein Kommentar: Der Mensch steht aktuell nicht im Mittelpunkt des ärztlichen Handelns!
- Idealer Verlauf: Das örtliche Krankenhaus verlegt die Patientin nicht in einen Maximalversorger, sondern reponiert das Gelenk unter Narkose und stabilisiert es ohne Rücksicht auf die Funktion mit einem Fixateur. Die Patientin wird am nächsten Tag nach Hause entlassen.

Fall 9: Paul Winkler
Er wird als Pflegefall ohne weitere Versorgung nach einer Prostata-OP entlassen

- Mein Kommentar: Eine Handlungsmaxime nach dem Prinzip Verantwortung fehlt!
- Idealer Verlauf: Herr Winkler wird nach seiner OP frühzeitig in eine geriatrische Reha-Abteilung verlegt und im Anschluss nach Hause entlassen.

Fall 10: Agnes Tebrügge
Nach dem Todesfall schenkt die Familie unserer Praxis die nicht mehr benötigten Hygieneartikel sowie Geld für Bedürftige.

- Mein Kommentar: Gerade an den Grenzen menschlicher Existenz darf die Menschlichkeit nicht ins Hintertreffen geraten!

- Idealer Verlauf: Die Krankenkassen finanzieren den tatsächlichen Bedarf an Hygieneartikeln anstatt einer Pauschale.

Fall 11: Friedrich Bergmann

Die neurologische Abteilung eines örtlichen Krankenhauses entlässt ihn als Pflegefall, der er vorher nicht war. Die Verlegung in die hauseigene Geriatrie wird verweigert. Es erfolgt die Aufnahme in einem benachbarten Krankenhaus mit neurologischer Abteilung, die ihn nach Medikamentenumstellung mobil wieder nach Hause entlassen kann.

- Mein Kommentar: Betriebswirtschaftliche Entscheidungen stehen aktuell oft über einer medizinischen Beurteilung!
- Idealer Verlauf: Die neurologische Abteilung nimmt sich Zeit für eine weitere Medikamentenumstellung und verlegt Herrn Bergmann klinikintern in die Geriatrie.

Fall 12: Raimund Rommel, Otto Heinemann und Kevin Stachowski

Krankenkassen halten die ärztliche Darstellung und Beurteilung für Nonsens und entscheiden nach Aktenlage, wobei sie diese ausschließlich selbst und ohne Rücksicht auf die Beurteilung der ärztlichen Behandler vor Ort interpretieren.

- Mein Kommentar: Ein Nicht-Facharzt darf nach Aktenlage entscheiden, ohne den Patienten zu kennen!
- Idealer Verlauf: Krankenkassen beurteilen Fälle auf Grundlage der Beurteilung der ärztlichen Behandler und nach einem medizinisch nachvollziehbaren Bedarf. Dadurch haben Inkompetenz und Willkür keinen Raum.

Fall 13: Kerstin Vollmer
Sie soll eine notwendige Untersuchung selbst bezahlen.

- Mein Kommentar: Krankheit hat einen Wert, Gesundheit offenbar nicht!
- Idealer Verlauf: Ärztliche Leistungen werden angemessen honoriert. Damit werden derartige Auswüchse überflüssig, und die Patientin stellt sich nur einmal statt zweimal beim Facharzt vor.

Fall 14: Eva Heming
Bei ihr wird diskutiert, ob man ein extrem kostenintensives Medikament am Lebensende einsetzen soll, kann, darf.

- Mein Kommentar: Die begrenzten finanziellen Mittel der Solidargemeinschaft müssen verantwortungsbewusst und wirtschaftlich eingesetzt werden.
- Idealer Zustand: Die Ärzte werden nicht mit dieser Entscheidung alleingelassen. Die Gesellschaft verständigt sich darauf, was bezahlt werden soll.

Fall 15: Rainer Schmidt
Der Kardiologe darf trotz massiver Nachfrage nur 780 Patienten pro Quartal behandeln.

- Mein Kommentar: Unter den aktuellen Umständen haben Patienten gar keine Chance auf einen Termin beim Facharzt!
- Idealer Verlauf: Der Bedarf an fachärztlicher Versorgung muss gedeckt sein.

Fall 16: Stefanie Nießing
Für die Vorstellung in der Uniklinik fasse ich als Hausärztin eine lange Krankengeschichte schriftlich zusammen,

drucke mehr als einhundert Seiten Arztbriefe aus und versende sie per Post.

- Mein Kommentar: Die Digitalisierung erleichtert den Praxisalltag bisher in keiner Weise!
- Idealer Zustand: Statt über ein eRezept und Datenschutz zu streiten, wäre eine für alle Akteure verfügbare elektronische Patientenakte ein echter Fortschritt.

Fall 17: Martha Wilmers

Sie verbringt sinnlos viel Zeit mit dem Versuch, die Gematik-App für das eRezept und Zugriff auf ihre elektronische Patientenakte zu erhalten.

- Mein Kommentar: Mit echter und hilfreicher Digitalisierung hat diese Vorgehensweise nichts zu tun!
- Idealer Verlauf: Die Krankenkassen verschicken selbstständig die notwendigen Unterlagen zur Teilnahme an eRezept und ePA und treiben so die Digitalisierung voran, anstatt sie zu behindern.

Fall 18: Meine Oma

Sie wartet zwei Wochen auf einen Dauerkatheter, da die Kassen für dieses Material einzelne Verträge mit Sanitätshäusern abschließen.

- Mein Kommentar: Wir brauchen dringend eine ganz einfache, praktische und menschliche Sicht auf die Umstände!
- Idealer Zustand: Dringlich benötigte Materialen sollten wie Medikamente über jede Apotheke bestellbar sein. Dann muss Oma nur einen Tag auf Abhilfe warten.

Fall 19: Handballerin Julia

Sie erhält durch mich als Hausärztin nach zwei Schulteroperationen regelmäßig Rezepte für Physiotherapie. Ein
Verschlüsselungsfehler führt zum Regress.

- Mein Kommentar: Finanzielle Forderungen im fünfstelligen Bereich sind nur die Spitze des Eisbergs eines
  im wahrsten Sinne des Wortes „ver-rückten" Systems!
- Idealer Zustand: Physiotherapie muss nach Bedarf und
  nicht nach Diagnoseschlüssel bezahlt werden. Derartige
  Fallstricke verhindern, dass junge Kollegen sich nieder-
  lassen, und gehören abgeschafft.

Fall 20: Maria Klosterhalfen

Ihr wird nach ihrem Tod rückwirkend die Palliativ-
behandlung verwehrt.

- Mein Kommentar: Hausärzte haben weder zeitliche noch mentale Kapazitäten für den Unfug, den
  Krankenkassen so manchmal veranstalten.
- Idealer Verlauf: Wenn Krankenkassen-Sachbearbeiter
  ihren Kopf einschalten oder grundsätzlich besser
  qualifiziert werden, sollten sich derartige Fälle auf ein
  Minimum reduzieren lassen.

Fall 21: Andreas Schilling

Auf die Anfrage nach einer Kostenübernahme erhält er
eine automatisierte Absage von der Krankenkasse.

- Mein Kommentar: KI-Verarbeitung von Anfragen und
  automatisierte Absagen sind allzu oft Krankenkassen-
  standard und gehören schnellstens abgeschafft!
- Idealer Verlauf: Reiche ich als Hausärztin für einen
  Antrag auf Kostenübernahme einer Maßnahme

drei fachärztliche Gutachten ein, erwarte ich eine individuelle Bearbeitung und eine nachvollziehbare Antwort der Krankenkasse, nicht erst nach Widerspruch.

Mit Blick auf die in den vorangegangenen Kapiteln dargestellten Fälle aus meinem Berufsalltag als Hausärztin frage ich mich immer wieder: Was wäre, wenn? Wie sieht der Plan B aus? Oder noch besser: Wie wäre der Idealzustand? Dass beispielsweise Werner Uhlenbrock aufgrund eines Karpaltunnelsyndroms seinen Job verloren hat, kann in keiner Weise akzeptiert werden. Unsere medizinische Versorgung muss in der Lage sein, derartige Verläufe zu verhindern. Es ist aber nicht damit getan, sämtliche ambulanten Leistungen nun einfach auch von stationären Einrichtungen durchführen zu lassen. Das wäre aus meiner Sicht ein „Herumdoktern" innerhalb eines kranken Systems.

Es scheint unabwendbar zu sein, dass Krankenhausbetten abgebaut werden und Allgemeinkrankenhäuser zu Gunsten spezialisierter Kliniken schließen müssen. Eine vielbeachtete Untersuchung der Bertelsmann-Stiftung kam zu folgendem Schluss: „In Deutschland gibt es zu viele Krankenhäuser. Eine starke Verringerung der Klinikanzahl von aktuell knapp 1.400 auf deutlich unter 600 Häuser würde die Qualität der Versorgung für Patienten verbessern und bestehende Engpässe bei Ärzten und Pflegepersonal mildern" (Mohn, 2022).

Im internationalen Vergleich der OECD-Staaten liegt Deutschland mit knapp acht Krankenhausbetten pro tausend Einwohner nach Korea und Japan auf Rang drei (Statista, 2022). Und trotzdem titelt das Deutsche Ärzteblatt: „Die Leute hängen an ihrem Krankenhaus", wenn es um die Beschreibung der medizinischen Versorgung auf dem Land geht (Korzilius & Osterloh, 2019).

Auch die EU-Kommission bescheinigt nach ihrer Analyse des deutschen Gesundheitssystems ein nicht zufriedenstellendes Ergebnis. „Das deutsche Gesundheitssystem bietet zwar umfassende Leistungen auf hohem Niveau, ist aber teurer als das der meisten anderen EU-Länder. Die Gesundheitsergebnisse entsprechen dagegen nur dem europäischen Durchschnitt. Das geht aus einer Analyse der EU-Kommission hervor", schreibt Heike Korzilius im Deutschen Ärzteblatt 2019 und führt weiter aus: „Die Pro-Kopf-Ausgaben für die Gesundheitsversorgung liegen in Deutschland höher als in allen anderen Mitgliedstaaten der Europäischen Union (EU). Im Jahr 2017 wurden hierzulande 4.300 € für die Versorgung eines Patienten ausgegeben. Das waren 1.400 € mehr als im EU-Durchschnitt" (Korzilius, 2019).

Angesichts dieser Zahlen brachte auch Britta Beeger im Oktober 2022 in der FAZ unter der Überschrift „Weniger Kliniken braucht das Land" die Lage auf den Punkt und formulierte gleichzeitig die Forderung: „Eine halbe Stunde – länger darf die Fahrt zum Krankenhaus für die Menschen in Deutschland auch in Zukunft nicht dauern" (Beeger, 2022).

Die Tagesschau hatte bereits im Januar 2022 die Frage gestellt: „Wie viele Kliniken braucht das Land?", und das Dilemma der kleinen Krankenhäuser auf dem Land gezeigt, die einerseits in einem ungleichen Wettbewerb mit den großen Maximalversorgern stehen und andererseits gleichzeitig die wenig lukrative Notfallversorgung vor Ort sichern sollen (Holm, 2022). Laut der Bertelsmann-Stiftung wäre die Antwort einfach: Kleines Krankenhaus schließen, je nach Bedarf Rehaklinik oder Ähnliches eröffnen. Beim Blick in meine Fallsammlung wird deutlich: Der tragische Verlauf von Elsbeth Lohne scheint einer derartigen Forderung recht zu geben. Allerdings bleibt für mich die Frage unbeantwortet, ob ein Patient mit einer Blinddarmentzündung für eine Appendektomie zukünftig 150 km zum nächsten Maximalversorger fahren soll. Auch für meinen Patienten Heinrich Walter und seine Urosepsis wäre eine derartige Entfernung zum nächsten Krankenhaus keine Option gewesen. Das scheint mir insgesamt nicht die Lösung des Problems zu sein.

Besonders verrückt ist, dass eine Über- und Unterversorgung gleichermaßen nebeneinander existieren: Wir leisten uns auf der einen Seite eine doppelte Facharztstruktur mit (theoretisch) direktem Facharztzugang, höchstwahrscheinlich zu vielen Krankenhausbetten und eine Überdiagnostik aufgrund mangelnder Kommunikation zwischen dem ambulanten und dem stationären Sektor. Auf der anderen Seite sind bestimmte Facharztgruppen kaum noch zugänglich, es bestehen unendlich lange Wartezeiten und fragwürdige Anreize für kostenintensive Diagnostik. Und das passiert alles, während wichtige Informationen aufgrund der mangelnden Kommunikation zwischen den Sektoren verloren gehen. Zugespitzt muss man feststellen, dass der 80-jährige herzkranke Patient mit Kniearthrose wenig Probleme hat, seinen geplanten halbjährlichen Herzultraschall beim Kardiologen, die Hyaluron-Spritzen und schließlich das neue Kniegelenk beim Orthopäden zu bekommen. Der 42-Jährige jedoch, der erstmalig Brustschmerzen mit einem grenzwertig auffälligen EKG hat, muss von mir ins Krankenhaus eingewiesen werden, da er mitnichten eine Chance auf einen ambulanten Termin beim Kardiologen binnen einer Woche hat. Und der 12-Jährige, der während der Corona-Pandemie eine Depression mit Schulangst entwickelt hat, kann sehen, wo er bleibt und wie er das nächste Jahr ohne Zugang zu einem Kinder- und Jugendpsychotherapeuten zurechtkommt. Dabei sollte der Jugendliche auch noch möglichst lange gesund bleiben, um über sein möglichst langes Berufsleben die steigenden Kosten der sozialen Sicherungssysteme zukünftig zu finanzieren. Man muss kein Mathe-Genie sein, um den Fehler zu finden …

Was braucht „gute Medizin"? Das ist die Gretchenfrage …

Schon der Deutsche Ärztetag im Jahr 2013, also zwei Jahre vor der Verabschiedung des GKV-Versorgungsstärkungsgesetzes, stand unter dem Motto: „Wie viel Markt verträgt die Medizin?" (Deutsches Ärzteblatt, 2013). Und die Zeitschrift der Deutschen Gesellschaft für Allgemeinmedizin fragte 2021: „Zwischen Heilkunst und Kommerz: Welche Ökonomie verträgt ‚gute' Medizin?" (Blumenthal et al., 2021).

Die Beantwortung dieser Frage setzt voraus, dass ein Konsens darüber besteht, was „gute" Medizin eigentlich ausmacht. Ein Rückblick auf die geschilderten Fälle soll und kann behilflich sein, dem nicht nur noch einmal nachzuspüren, sondern sich einer Antwort zu nähern. Mit Sicherheit verhindert „gute" Medizin, dass kausal behandelbare Krankheiten wie das Karpaltunnelsyndrom von Werner Uhlenbrock aufgrund langer Wartezeiten in die Arbeitslosigkeit führen.

Gute Medizin erfordert, dass fachärztliche Diagnostik in einer „dringlichen" zeitlichen Dimension möglich ist. Dabei steht „dringlich" nicht immer für eine medizinische, aber durchaus für eine menschlich-moralische Dimension. Und die sollten wir – nicht erst seit Hippokrates – auf keinen Fall außer Acht lassen!

Unbestritten ist die Tatsache, dass finanzielle Ressourcen begrenzt sind und jeder Euro nur einmal ausgegeben werden kann. Doppelte Untersuchungen und „Arzthopping", wie es im Fall von Rainer Holtmann (mit dem Stich im Oberschenkel und der anschließenden Wundbehandlung) und Friedrich Bergmann (dem früh an Demenz erkrankten Mann, für den die Verlegung in die Geriatrie echten Sinn ergeben hätte) notwendig wurde, um eine adäquate Versorgung zu erhalten, verschwenden diese Ressourcen. Die besondere Absurdität der aktuellen Vorgehensweise wird deutlich, wenn vordergründige Kosteneinsparungen anschließend zu massiven Mehrausgaben führen, wie eine zweite stationäre neurologische Behandlung im Fall von Friedrich Bergmann und eine weitere fachärztliche Vorstellung nur aufgrund von fehlenden Rezepten bei Rainer Holtmann.

Gute Medizin verhindert Doppeluntersuchungen durch moderne und digitale Kommunikationslösungen und berücksichtigt, dass jeder ausgegebene Euro aus demselben Topf bezahlt wird.

Als Ärztin (aber auch als Patientin, Krankenkassenbeitrags- und Steuerzahlerin) ist meine Erwartungshaltung an eine Arzt-Patienten-Beziehung eine gänzlich andere als an eine Verkäufer-Kunden-Beziehung bei – sagen wir mal beispielsweise – Media Markt. Eine marktwirtschaftliche Konkurrenz unter Leistungserbringern ist aus meiner Sicht komplett und konsequent abzulehnen. Marktwirtschaftliche Konkurrenz führt zu Verläufen wie dem von Elsbeth Lohne (die sich mit ihren 75 Jahren bei einem Sturz eine Oberschenkelhalsfraktur zugezogen hatte) und Heinrich Walter (der mit seiner verschleppten Blasenentzündung in meiner Notfallsprechstunde saß) in kleinen, grundversorgenden Krankenhäusern– die Auswirkung ist ein ums andere Mal eine inakzeptable Patientenversorgung.

Gute Medizin versorgt einen Bedarf und nicht einen Markt!

„Man erkennt den Wert einer Gesellschaft daran, wie sie mit den Schwächsten ihrer Glieder verfährt." Gustav Heinemann, dritter Bundespräsident der Bundesrepublik Deutschland, macht in diesem Zitat darauf aufmerksam, wohin eine Gesellschaft ihren Blick zuerst zu richten hat. Und das sollte aus meiner Perspektive im Besonderen für Hilfesuchende in der Medizin gelten. Doch die Erfüllung dieser Forderung bleibt unser Gesundheitssystem schuldig: Jan Stellmann (der seit vielen Wochen aufgrund einer Depression krankgeschrieben war), Jule Euting (die junge Frau, die mit dauerhaften Blutungen bei mir vorstellig wurde) und Gustav Höing (der Mann mit Down-Syndrom, der Hilfe im örtlichen Krankenhaus suchte und einfach wieder nach Hause geschickt wurde) hätten besondere Fürsprecher und Hilfe benötigt, sind jedoch an diversen Stellen im System buchstäblich auf Beton gestoßen.

Gute Medizin rückt gerade die Belange der Schwächsten in den Fokus, und dazu gehören alle, die – aus welchen Gründen auch immer –, nicht allein für ihre medizinischen Bedürfnisse eintreten können.

„Der Mensch im Mittelpunkt" ist ein Werbeslogan, unter dem sich schon alle möglichen Organisationen versammelt haben: die Gewerkschaft ver.di ebenso wie die CDU-Partei auf Bundesebene und auch der Schweizerische Demeter-Verband. Für „Health Care Professionals", also alle, die im Gesundheitswesen irgendwie tätig sind, müsste dieser Grundsatz eigentlich vollkommen selbstverständlich sein. Doch diese ebenso simple wie banale Botschaft ist im medizinischen Alltag längst keine Selbstverständlichkeit, wie die Fälle von Maria Tillmann (die nach einem Ellenbogenbruch nicht mehr aus dem Krankenhaus entlassen wird, obgleich sie doch genau dort nicht sterben will und längst in die palliative Versorgung aufgenommen war) und Paul Winkler (der nach seiner Prostata-OP in schlechtem Zustand ist und dennoch nach Hause entlassen werden soll, anstatt erst noch in der klinikinternen geriatrischen Abteilung aufgenommen zu werden) zeigen.

Gute Medizin richtet sich nach den individuellen Bedürfnissen des Patienten, nicht nach unternehmerischen Prozessen. Gute Medizin hält einem Kantschen Anspruch ebenso stand wie dem Prinzip Verantwortung.

Meine ärztliche Expertise ist die hausärztliche Behandlung von Patienten; die Bearbeitung eines formalen Bürokratismus gehört primär nicht zu meinen Kernkompetenzen. Trotzdem verschlingt die Bürokratie mit all ihren verschiedenen Anspruchstellern einen erheblichen Teil meiner Arbeitszeit, wie einige meiner Schilderungen dargelegt haben, vor allem die Patientengeschichte von Raimund Rommel (Fall 12) mit seiner fortgeschrittenen, metastasierten Lungenkrebserkrankung, die zur Symptomlinderung nach etwas Cannabisöl verlangt.

Gute Medizin behandelt Menschen und füllt nicht sinnlos Fallakten.

Medizinische Leistungserbringung verbraucht auf der einen Seite Kapital der Solidargemeinschaft und stellt dafür auf der anderen Seite medizinische Versorgung flächendeckend und rund um die Uhr zur Verfügung – ähnlich der Feuerwehr oder Polizei. Dabei muss die finanzielle Ausstattung der Leistungserbringer gesichert sein, um Medizin am Bedarf und nicht am Kontostand auszurichten. Das gilt selbstverständlich für die ambulante wie auch stationäre Honorierung medizinischer Leistungen. Dabei dürfen sich weder die Länder noch die gesetzlichen oder privaten Krankenversicherer aus der Verantwortung stehlen.

Gute Medizin sichert die Finanzierung des medizinischen Bedarfs und nicht die einer Interessensvertretung.

Medizinische Versorgung soll sich nach meinem Dafürhalten in erster Linie um die Belange der Kranken kümmern, und erst wenn alle kranken Menschen versorgt sind, sollten freie Kapazitäten für elektive Kontrollen und Vorsorge genutzt werden. Die Betreuung ambulanter Patienten in einer täglich verfügbaren Notfallsprechstunde ist aktuell weniger lukrativ als die Durchführung von Vorsorgeuntersuchungen. Damit wird aus meiner Sicht ein falscher Anreiz geschaffen. Gleichzeitig wird Mehrarbeit im aktuellen System bestraft; davon kann Kardiologe Rainer Schmidt ein Lied singen.

Gute Medizin kümmert sich zuerst um Kranke. Dabei sollte hohes Engagement belohnt und nicht bestraft werden.

Die große Herausforderung besteht nun darin, diese Forderungen in einem System Wirklichkeit werden zu lassen.

Was ich mir als Ärztin wünsche

Mir hat sich noch nie erschlossen, warum „Arztzeit" einen unterschiedlichen Wert besitzt. Ob ein Kardiologe für einen Herzultraschall zehn Minuten benötigt oder ein Psychiater in zehn Minuten ein Kriseninterventionsgespräch führt, ist für mich einerlei. Beide sind qualifizierte Mediziner und haben zehn Minuten „Arztzeit" investiert. Der Kardiologe kann allerdings mit der EBM-Nummer 33.020 dafür 27,60 € berechnen, der Psychiater mit der Nummer 51.030 nur 17,35 € (Kassenärztliche Bundesvereinigung, 2022a).

Jetzt kann man natürlich argumentieren, dass der Kardiologe zuvor das Ultraschallgerät kaufen musste. Hier beginnt aus meiner Sicht jedoch ein Teil des Problems: Die hochtechnisierte Medizin mit bildgebenden und weiteren aufwendigen diagnostischen Verfahren in der Radiologie und Nuklearmedizin ist so kostenintensiv geworden, dass ein freiberuflicher Arzt diese Investitionen gar nicht mehr tragen kann und auf entsprechende Finanzierung durch Unternehmen angewiesen ist. Dialyse, Radiologie und Nuklearmedizin lassen sich kaum noch in der Freiberuflichkeit realisieren, wie wir sie heute als Hausärzte und Internisten zumeist kennen. Oder würden Sie als Privatperson ein Kreditvolumen von einigen Millionen Euro auf sich nehmen? Dabei brennt das Thema vor allem den Radiologen unter den Nägeln, die sich dieses Problems absolut bewusst sind. „Jeder an Finanzinvestoren ausgeschüttete Euro fehlt dem Gesundheitswesen als Ganzes und damit der Solidargemeinschaft", betont Professor Hermann Helmberger, Mitglied des Bundesvorstands des Berufsverbandes Deutscher Radiologen, in einem Interview (Deutsche Röntgengesellschaft, 2022). Und trifft damit nach meiner Überzeugung ins Schwarze.

Als Ärztin und auch als Patientin in diesem System wünsche ich mir, dass notwendige Rahmenbedingungen und Diagnostiken zur Verfügung stehen, auf die ich als Arzt und Patient im Bedarfsfall zurückgreifen kann. Dieser Rahmen darf dann aber nicht wie selbstverständlich und ohne klare Indikationsstellung ausgeschöpft werden. Kritisch ist aus meiner Sicht, wenn der Bedarf vom Leistungserbringer selbst definiert wird. Ein Medizinisches Versorgungszentrum (MVZ), das unter einem Dach Orthopädie und MRT-Diagnostik anbietet, wird vermutlich schneller zur MRT-Diagnostik greifen als unabhängige Orthopäden, die ihre Patienten erst woanders hinschicken müssen. Hier kommt nach meiner Überzeugung der hausärztlichen „Gatekeeper"-Funktion eine besondere Bedeutung zu. Nicht jeder Patient mit Rücken- oder Knieschmerzen braucht umgehend einen Facharzt mit spezieller bildgebender Diagnostik. Die Filterfunktion – also die Entscheidung, welcher Patient vom Facharzt gesehen werden muss und welcher vorerst nicht – ist eine enorm wichtige und ureigene hausärztliche Tätigkeit, eben eine klassisch allgemeinmedizinische Aufgabenfunktion.

An Ideen, wie sich das System optimieren lässt, mangelt es nicht – mir schon gar nicht. Wie wäre es zum Beispiel mit folgendem gedanklichen Anknüpfungspunkt: Wenn der Träger eines interdisziplinären Medizinischen Versorgungszentrums, an das der Hausarzt überweist, eine Kommune, die Kassenärztliche Vereinigung, ein Ärztenetz oder ein Zusammenschluss von Krankenkassen wäre, würde jeder ausgegebene Euro im Solidarsystem selbst verbleiben. Dabei könnte der Allgemeinmediziner selbstredend auch Teil eines Medizinischen Versorgungszentrums sein.

Meine Idealvorstellung wäre ein interdisziplinäres MVZ, dessen Ausgestaltung sich an der Anzahl der zu versorgenden Patienten orientiert – so wie aktuell auch die Bedarfsplanung für Kassensitze erfolgt. Schon heute findet eine Bedarfsplanung für unterschiedliche Facharztgruppen statt: Die Bedarfsplanung der hausärztlichen Versorgung funktioniert auf lokaler Ebene. Für die Planung einer allgemeinfachärztlichen Versorgung, zu der Augenärzte, Neurologen, Gynäkologen, Psychiater, Kinderärzte, Chirurgen, HNO-Ärzte, Hautärzte, Psychotherapeuten, Orthopäden und Urologen gehören, werden Kreise und kreisfreie Städte herangezogen. Für die Planung der

sogenannten spezial-fachärztlichen Versorgung, die Fach-
internisten wie Kardiologen, Gastroenterologen, Nephrologen, Rheumatologen und Anästhesisten, Radiologen
sowie Kinder- und Jugendpsychiater umfasst, werden
größere Raumordnungsregionen definiert. Dazu zählen
größere Städte oder zum Beispiel ein Zusammenschluss
mehrerer Kreise (vgl. Kassenärztliche Bundesvereinigung,
2022b). Und schließlich gibt es eine gesonderte fachärztliche Versorgung, die die Nuklearmedizin, Human-
genetik, Neurochirurgie, Strahlentherapie, Pathologie,
Labormedizin, Transfusionsmedizin sowie Physikalische
und Rehabilitative Medizin beinhaltet. Diese Gruppe entspricht dem Planungsbereich einer Kassenärztlichen Vereinigung.

Auf Grundlage dieser Bedarfsplanung könnten also
Medizinische   Versorgungszentren   unterschiedlicher
Größe und mit unterschiedlichem Versorgungsgrad und
-auftrag gegründet werden. Und das sollte – wie oben
beschrieben – dann eben nicht in einer privaten Träger-
schaft sein. Der Facharztzugang sollte über eine hausärztliche Überweisung gesichert werden. Gleichzeitig könnte
genau dieses Prinzip verhindern, dass ein HNO-Arzt für
einen einfachen Schnupfen konsultiert wird und sich
der Orthopäde um den unspezifischen Kreuzschmerz
kümmern muss.

Eine umfangreiche Analyse der Wirtschaftsberatungs-
gesellschaft PricewaterhouseCoopers kam schon 2010 zu
folgendem nüchternen Ergebnis: Das Versorgungsniveau
kann nicht gehalten werden. 2030 werden 42 % der Arzt-
stellen unbesetzt sein. Bis 2030 beträgt der volkswirt-
schaftliche Schaden 35 Mrd. EUR (Schmidt & Oswald,
2010). Diese Prognosen dürften für alle, die sich ernsthaft damit befasst haben, damals schon erschreckend
gewesen sein. Und dreizehn Jahre später – ich blicke
auf eine 14-jährige Tätigkeit als Ärztin zurück – ist das

ambulante System kollabiert und weit und breit keine
Gesundheitsreform in Sicht, die den Namen auch verdient. Im Gegenteil: Die Corona-Pandemie hat den
Reformstau im Gesundheitswesen in Verbindung mit
einer gefährlichen Personalnot offenkundig gemacht und
in den Fokus der Öffentlichkeit gerückt. Gefühlt ist das
Bundesgesundheitsministerium seitdem jedoch nicht
mehr aus dem Krisenmodus herausgekommen und offensichtlich auch kaum für Themen außerhalb von Corona
erreichbar. Erst seitdem die ambulante und stationäre Versorgung von Kindern vor dem absoluten Kollaps steht,
nachweislich Menschenleben kostet und dies um Weihnachten 2022 nahezu täglich Thema in den Medien ist,
scheint die „Systemfrage" bis Berlin durchzudringen.
Die jahrzehntelang praktizierte Flickschusterei innerhalb
dieses kranken Systems funktioniert nicht einmal mehr
kurzfristig. Ich bin überzeugt davon, dass wir Gesundheitsversorgung in diesem Land neu denken und dabei
Sektorengrenzen überwinden müssen. Wir behandeln
schließlich alle die gleichen Patienten, und diese Versorgung wird aus einem Topf bezahlt.

Meine Vision ist eine echte sektorenübergreifende
Medizin. Der Idealfall wäre für mich ein interdisziplinäres
MVZ mit angeschlossener „Kurzlieger-Station", auf
die alle im MVZ beteiligten Ärzte, also auch der Hausarzt, Zugriff hätten. Der Gastroenterologe könnte
einen Patienten nach schwieriger koloskopischer Intervention (also nach komplizierter Darmspiegelung) eine
Nacht überwachen; der Kardiologe könnte selbst ein
TEE (also einen transösophagealen Herzultraschall
durch die Speiseröhre) und bei Bedarf eine Kardio-
version (also eine „Rhythmisierung" des Herzens) vornehmen und den Patienten nach Bedarf für eine Nacht
telemedizinisch überwachen. Ich als Hausarzt könnte
kurzfristig Oma Hertha mit ihrer Niereninsuffizienz und

Luftnot wegen eines Lungenödems für zwei Tage mit Infusionen behandeln. Dann bräuchte kein Krankenhaus die Krankengeschichte jedes Mal neu aufzurollen und umfangreiche Untersuchungen durchzuführen, um am Ende lediglich eine Infusion mit einem entwässernden Medikament zu geben. Derartige Fälle bleiben aktuell mehrere Tage stationär im Krankenhaus, da der Arzt im Krankenhaus nichts über den Patienten und seine Vorgeschichte weiß und immer „von vorne anfängt". Ein derartig aufwendiges und kostenintensives Vorgehen wäre überhaupt nicht notwendig, wenn der Hausarzt die Therapie übernehmen würde und Zugriff auf so eine „Kurzlieger-Station" hätte.

Das würde auch die Krankenhäuser enorm entlasten. Wie oben beschrieben, existiert aktuell der Bereich der „dringlichen" fachärztlichen Untersuchung schlichtweg nicht. Patienten landen notgedrungen in der Notaufnahme. Wird jedoch der Facharzt von überflüssigen Untersuchungen entlastet und gewinnt Zeit für die Behandlung eben jener „dringlichen" Fälle, entlastet dies auch die Notaufnahme des Krankenhauses.

Bei aller Spezialisierung muss nach meinem Verständnis von „guter Medizin" eine grundversorgende Akutbehandlung vor Ort unbedingt gewährleistet sein. Dazu gehören eine Geburtshilfe und eine Allgemeinchirurgie mit der Möglichkeit zur Blinddarm- und Gallenblasenentfernung sowie den Basiseingriffen der Unfallchirurgie bei Frakturen von Handgelenk, Außenknöchel und Oberschenkelhals. Ein Herzkatheter-Labor und eine sogenannte Stroke Unit als Spezialeinheit für den Schlaganfall müssen ebenfalls in unmittelbarer Nähe erreichbar sein. Bei komplizierteren Fällen übernehmen Grundversorger-Krankenhäuser die Erstversorgung und können bei Bedarf in größere und spezialisiertere Abteilungen verlegen. Genau diese grundversorgenden Krankenhäuser dürfen auf keinen Fall untereinander in einen Wettbewerb einsteigen – das wird ja auch von Feuerwehren und Polizeistationen nicht verlangt! Logischerweise müssten die Länder dann auch ihrer Finanzierungspflicht für Krankenhäuser nachkommen, anstatt diese allein im Regen stehen zu lassen und externen Investoren und privaten Konzernen damit Tür und Tor zu öffnen. Aktuell überleben diese kleinen Häuser nur, wenn sie in den Wettbewerb um große und lukrative Diagnostiken und operative Eingriffe einsteigen – doch genau das konterkariert die Forderung nach bestimmten Qualitätsstandards.

Warum es doch der großartigste Beruf der Welt ist oder: „Ich geb die Bits zum Steri"

Dieses Buch benötigt bei aller formulierten Systemkritik einen versöhnlichen Abschluss, denn Ich möchte junge Kollegen trotz aller Widrigkeiten unbedingt ermutigen, diesen großartigsten Beruf der Welt zu ergreifen. Dazu noch einmal eine kleine Fallgeschichte.

Christine Möllmann ist seit einem Schlaganfall 2018 immobil und bettlägerig. Die 84-Jährige ist seinerzeit dem Tod von der Schippe gesprungen, wie man so sagt. Ich kenne sie schon lange, besuche sie seit Jahren mehr oder weniger regelmäßig und kümmere mich um die diversen, schlecht heilenden Wunden an ihren Beinen. „Bis Weihnachten ist die Wunde zu", dieses Versprechen ist mittlerweile ein Running Gag unter uns geworden. Denn geklappt hat es bisher nie.

Vor etlichen Jahren hatte sich Frau Möllmann eine sogenannte Weber-B-Fraktur zugezogen, eine Außenknöchelfraktur, die seinerzeit mit einer Plattenosteosynthese operativ versorgt wurde. Eine Schraube ist mit der Zeit herausgewandert und steht einige Millimeter über dem Hautniveau. Immer wieder bleiben Verband und Socken daran hängen. Auf der Seite liegen kann Frau Möllmann nicht mehr. Da sie gar nicht mehr läuft, spielt es eigentlich keine Rolle, ob die Platte noch hält oder nicht. Es steht bei dieser Patientin ein Schmerz- und Versorgungsproblem im Vordergrund. Frau Möllmann und die betreuende Pflegekraft der Wohngruppe bitten mich, eine Entfernung eben dieser Schraube zu organisieren. Mein erster Gedanke ist: Der, der sie reingedreht hat, soll sie auch entfernen. Also rufe ich im unfallchirurgischen Sekretariat des örtlichen Krankenhauses an und frage, ob es möglich sei, die Schraube in der Ambulanz zu entfernen. Nein, das ginge auf gar keinen Fall, lässt mich die Sekretärin wissen. Das könne man ja nicht einfach so machen. Ich weiß zwar nicht, warum das so ist, akzeptiere aber erst einmal diese Absage. Flexibilität und Pragmatismus sind keine Stärken dieses Krankenhauses, daher wundert mich die Antwort überhaupt nicht.

Als Nächstes rufe ich in der örtlichen chirurgischen Praxis an, erläutere den Fall und frage, ob die Kollegin die Schraube entfernen könne, wahlweise im Rahmen eines Hausbesuchs oder zur Not auch in ihrer Praxis. Die Patientin müsste dann mit einem Liegendtransport in die Praxis gebracht werden. Auch diese Kollegin verneint. Man könne nicht einfach eine Schraube entfernen, das wäre grob fahrlässig. Meinen Einwand, dass die Patientin auf ihrem Sprunggelenk nicht mehr läuft und es sich primär um ein Versorgungs- und Schmerzproblem bei der Lagerung handelt, lässt sie nicht gelten. Ich gebe auf, zweifle schon an meiner Einschätzung der Situation. Wie gut, dass mein Kollege Dirk Wilmers und ich in unserer täglichen Kaffeepause alle möglichen Patienten, Fälle und Fragestellungen besprechen. Manchmal sieht man den Wald vor lauter Bäumen nicht mehr, und manchmal hat der andere noch eine gute Idee für eine Diagnostik oder eine medikamentöse Therapie parat. Also schildere ich ihm bei frischem Kaffee und Müsli in der Pause meinen vergeblichen Versuch, einen Chirurgen für Frau Möllmann zu finden, der diese eine Schraube entfernt. „Ich würde es ja selbst machen, habe aber keinen Schraubendreher dafür! Wir sind ja hier nicht in der Unfallchirurgie", beende ich meine Schilderung der Sachlage. „Du, das ist kein Problem", erwidert Dirk entspannt. „Ich habe einen Werkzeugkasten voll mit verschiedenen Bits. Die gebe ich einfach zum Steri und dann schaust du beim nächsten Hausbesuch, ob du die Schraube nicht tatsächlich selbst entfernen kannst. Was wird denn benötigt? Kreuz, Schlitz oder Inbus?"

Etwas perplex angesichts des wirklich sehr pragmatischen Vorgehens meines Praxiskollegen antworte ich spontan: „Inbus, die Größe kenne ich aber nicht."

„Kein Problem, ich gebe einfach den ganzen Satz zum Steri", entgegnet Dirk, noch sein Brötchen kauend. Großartig, denke ich und notiere für kommende Woche den Hausbesuch bei Frau Möllmann.

Eine knappe Woche später stehe ich mit steril eingeschweißtem Schraubendreher und verschiedenen steril eingeschweißten Bits am Bett von Frau Möllmann. „Frau Möllmann, das ist hier gerade etwas MacGyver-like", starte ich den ersten Versuch. Ob sie sich an diese Fernsehserie aus den 1980er-Jahren vielleicht sogar erinnern kann? Der Serienheld arbeitete als Geheimagent, Abenteurer und Nothelfer in humanitären Missionen und konnte mir nichts, dir nichts alltägliche Gegenstände ideal kombinieren und erfinderisch nutzen. Was soll ich sagen: Der dritte Bit passt, und nach nicht mal einer Minute ist die Schraube draußen und das Problem behoben. Frau

Möllmann ist wahnsinnig erleichtert, dass sie sich jetzt auch mal wieder auf eine andere Seite legen kann, und bedankt sich überschwänglich.

Ein kleines Grinsen kann ich mir nach der Aktion nicht verkneifen.

» Mein Kommentar: Hausarztmedizin ist irgendwie doch ganz schön cool!

Drei Fragen an Matthias Horx, Zukunftsforscher

1. Hat aus Ihrer Sicht unser Gesundheitssystem in seiner aktuellen Form noch eine Zukunft.

Alle Systeme müssen ja in der einen oder anderen Form evolutionieren, sich verwandeln, um stabil bleiben zu können. Das Gesundheitssystem steckt heute in mehreren Paradoxien, die sich mit den konventionellen Mitteln nicht mehr lösen lassen. Erstens erzeugen die Möglichkeiten moderner Medizin ständig neue Patienten. Die Fallzahlen steigen mit steigenden Lebensspannen. Zweitens wirken die ERFOLGE des Systems paradox, weil die Menschen immer älter werden und Krankheiten sich deshalb vermehren. Drittens ist das Gesundheitssystem ein Krankheit-System, das nicht wirklich mit dem „Lifestyle-Upgrade" verbunden ist, also einem verbesserten Gesundheitsverhalten der Bevölkerung. Der Begriff „Vorsorge" ist da irgendwie auch falsch, man braucht ein neues Denken über Gesundheit GENERELL. Deshalb wird man die derzeit dringende Personalfrage INNERHALB dieses System nie lösen können. Es wird nie genug sein. Egal, wie viel Geld wir in das System füllen, es ist nie genug.

2. Wie sieht für Sie eine Gesundheitsversorgung der Zukunft aus?

Wir werden in Zukunft eher ein hybrides System aus aktiver Vorsorge, systemischer Behandlung und akuter Versorgung entwickeln müssen, das intelligent vernetzt ist. Das beste Beispiel, wie das geht, finden wir in Dänemark. Dort wird das ganze System dekonstruiert und neu aufgebaut. In ganz Dänemark wird es in zehn Jahren nur noch zwölf Großkliniken mit hohem Exzellenz-Standard geben, dazwischen aber ein enges Netz aus lokalen Notfall-Ambulanzen, Ärztezentren, Gesundheitsläden. Telemedizin wird ein Teil des Standards, aber dabei hat man die Bevölkerung in einem aufwendigen Prozess „mitgenommen". Gleichzeitig werden die Kampagnen zur öffentlichen Ernährungs- und Bewegungs-Verbesserung intensiviert. Die Bürger sind auch bereit, viel Geld für dieses verbesserte System zu bezahlen – das ist in Deutschland eher nicht der Fall. Es braucht für einen solchen Prozess viel gesellschaftliches Vertrauen und eine Menge Mut.

3. Was würden Sie als erstes in unserem Gesundheitssystem verändern wollen?

Eine einzelne Veränderung reicht nicht. Alles hängt mit allem zusammen. Aber es würde vielleicht helfen, wenn man eine Art Think-Tank für die Zukunft des Systems bildet, in dem die Interessens- und Ständevertreter zunächst nichts zu sagen hätten. Sondern systemische Universalisten. Das widerspricht all unseren Vorstellungen. Aber wir brauchen bei einem solchen Wandlungsprozess zunächst einmal eine Top-Down-Logik: Szenarien, die klären, worum es im Kern geht. Um neue Non-Zero-Sum-Prozesse, Nichtnullsummenspiele. Wenn man die Interessensvertreter von Anfang an in die Manage lässt, sind alle schon erschöpft, wenn der Prozess der Erneuerung beginnen muss. Eine zweite Veränderung ist nicht so leicht zu machen, weil sie sehr radikal ist: Man müsste ein System finden, wie man GESUNDE Lebenszeit geldwert macht. Da gibt es schon Experimente, zum Beispiel im Gesundheitscluster Kinzigtal.

Literatur

Beeger, B. (12. Oktober 2022). Krankenhausversorgung: Weniger Kliniken braucht das Land. *FAZ.NET*. https://www.faz.net/aktuell/wirtschaft/reform-noetig-deutschland-hat-zu-viele-krankenhaeuser-18382058.html. Zugegriffen: 13. Nov. 2022.

Blumenthal, S., et al. (2021). Zwischen Heilkunst und Kommerz: Welche Ökonomie verträgt „gute" Medizin? *Zeitschrift für Allgemeinmedizin, 97*(2), 66–71. https://doi.org/10.3238/zfa.2021.0066-0071

Deutsches Ärzteblatt. (2013). Wie viel Markt verträgt die Medizin? *Deutsches Ärzteblatt*, 110(23–24): A-1154/B-1002/C-996. https://www.aerzteblatt.de/archiv/140806/Wie-viel-Markt-vertraegt-die-Medizin. Zugegriffen: 13. Nov. 2022.

Deutsche Röntgengesellschaft. (2022). „Jeder an Finanzinvestoren ausgeschüttete Euro fehlt dem Gesundheitswesen als Ganzes und damit der Solidargemeinschaft". *DRG.de*. https://www.drg.de/de-DE/9620/finanzinvestoren-und-radiologie/. Zugegriffen: 13. Nov. 2022.

di Lorenzo, G. (4. März 2010). Verstehen Sie das, Herr Schmidt? *ZEITmagazin*, Nr. 10, https://www.zeit.de/2010/10/Fragen-an-Helmut-Schmidt?utm_referrer=https%3A%2F%2Fwww.google.com%2F. Zugegriffen: 13. Nov. 2022.

Holm, R. (11. Januar 2022). Versorgung in Deutschland: Wie viele Kliniken braucht das Land? *tagesschau.de*. https://www.tagesschau.de/inland/innenpolitik/kliniken-deutschland-101.html. Zugegriffen: 13. Nov. 2022.

Kassenärztliche Bundesvereinigung. (2022a). *Einheitlicher Bewertungsmaßstab (Stand: 1. Quartal 2022)*. https://www.kbv.de/media/sp/EBM_Gesamt_-_Stand_1._Quartal_2022.pdf. Zugegriffen: 13. Nov. 2022.

Kassenärztliche Bundesvereinigung. (2022b). *Bedarfsplanung*. https://www.kbv.de/html/bedarfsplanung.php. Zugegriffen: 13. Nov. 2022.

Korzilius, H. (2019). Deutsches Gesundheitssystem: Hohe Kosten, durchschnittliche Ergebnisse. *Deutsches Ärzteblatt*,

116(49): A-2283/B-1873/C-1821. https://www.aerzteblatt.de/archiv/211193/Deutsches-Gesundheitssystem-Hohe-Kosten-durchschnittliche-Ergebnisse. Zugegriffen: 13. Nov. 2022.

Korzilius, H., & Osterloh, F. (2019). Medizinische Versorgung auf dem Land: Die Leute hängen an ihrem Krankenhaus. *Deutsches Ärzteblatt*, 116(47), A-2168/B-1774/C-1734. https://www.aerzteblatt.de/archiv/210966/Medizinische-Versorgung-auf-dem-Land-Die-Leute-haengen-an-ihrem-Krankenhaus. Zugegriffen: 13. Nov. 2022.

Mohn, B. (2022). *Studie: Eine bessere Versorgung ist nur mit halb so vielen Kliniken möglich*. https://www.bertelsmann-stiftung.de/de/themen/aktuelle-meldungen/2019/juli/eine-bessere-versorgung-ist-nur-mit-halb-so-vielen-kliniken-moeglich. Zugegriffen: 13. Nov. 2022.

Peters, F. (1. November 2022). Geburtshilfe: „Eine Zumutung, wie mit Schwangeren umgegangen wird". *DIE WELT+*. https://www.welt.de/politik/deutschland/plus241892205/Geburtshilfe-Eine-Zumutung-wie-mit-Schwangeren-umgegangen-wird.html. Zugegriffen: 13. Nov. 2022.

Schmidt, H., & Ostwald, D. (2010). *Fachkräftemangel: Stationärer und ambulanter Bereich bis zum Jahr 2030*. PricewaterhouseCoopers AG. https://www.pwc.de/de/gesundheitswesen-und-pharma/assets/fachkraeftemangel.pdf. Zugegriffen: 13. Nov. 2022.

Statista. (2022). *Anzahl von Krankenhausbetten in OECD-Ländern bis 2021*. https://de.statista.com/statistik/daten/studie/77168/umfrage/anzahl-von-krankenhausbetten-in-oecd-laendern/. Zugegriffen: 13. Nov. 2022.

Nachwort – wieviel Revolution verspricht die Krankenhausreform von Karl Lauterbach

Während ich Ende 2022 an diesem Buch schreibe, fordern Kinderärzte (zum wiederholten Mal) ein Verbot der Werbung für sogenannte Kinderlebensmittel und Süßigkeiten. Bei der Bundesregierung stoßen sie damit jedoch auf taube Ohren. Schon nach der Veröffentlichung des Koalitionsvertrages war klar: Die Bekämpfung von Diabetes und Adipositas steht für diese Regierung nicht oben auf der Prioritätenliste. Der Redakteur der „ÄrzteZeitung", Thomas Hommel, hat schon zu Beginn des Jahres getitelt: „Enttäuschung bei Ärzten über schmale Diabetespläne der Ampel-Koalition." Hommel führt aus: „Knapp 180 Seiten umfasst der Koalitionsvertrag der Ampel-Partner im Bund. Auf acht Seiten werden Gesundheit und Pflege adressiert – hinzu gesellen sich Ankündigungen, wie den Bundesbürgern eine gesündere Ernährung ermöglicht werden soll. Der Begriff Diabetes taucht einmal auf, das Wort Adipositas gar nicht. Ärzte

L. Dalhaus, *Medizin zwischen Moral und Moneten*, https://doi.org/10.1007/978-3-658-40043-9

reiben sich verwundert die Augen: Haben SPD, FDP und Grüne übersehen, dass es sich bei Diabetes und Adipositas um Krankheiten mit ‚pandemischem Ausmaß' handelt?" (Hommel, 2022).

Schon CSU-Politikerin Julia Klöckner sprach sich als Verbraucherschutz-Ministerin 2018 gegen eine Zuckersteuer aus. Dabei ließ die Koalition Klöckner allein die fadenscheinigen Argumente der Zuckerindustrie öffentlich vertreten. Fragt man unter Berliner Lobbyisten nach der Zuckersteuer, ist das Votum eindeutig: Weder Finanz- noch Wirtschaftsministerium sind an einer derartigen Steuer interessiert. Im Gegenteil. Und Klöckner musste sehen, wie sie das den Verbrauchern verkaufte. Richtig peinlich wurde es, als sie gemeinsam mit dem Chef des Schweizer Lebensmittelriesen Nestlé vor die Kamera trat (ZEIT Online, 2022).

Als Ernährungsmedizinerin komme ich aus dem Kopfschütteln gar nicht mehr heraus. „Gesundheit" ist mehr als die medizinische Versorgung in einem Land. Wäre das politische Berlin ernsthaft an der Gesundheit der Wähler interessiert, hätten wir längst eine Zuckersteuer wie in Frankreich, Norwegen, Mexiko oder Großbritannien. Die wirtschaftlichen Interessen wiegen in unserem Land allerdings schwerer.

In dem Netzwerk LinkedIn begegnete mir dieser Tage ein vielsagender Cartoon: Er zeigt einen Schalter mit der Aufschrift „Lifestyle Change" und einen zweiten mit der Überschrift „Pills and Surgery". Vor letzterem steht eine lange Menschenkette, der erste Schalter hingegen ist völlig verwaist.

Wenn wir als Gesellschaft von der Politik fordern, sich ernsthaft und nachhaltig für die Gesundheit ihrer Bürger einzusetzen, muss jeder Einzelne bei sich selbst anfangen. Darüber hinaus muss „sprechende Medizin" zur „Lifestyle"-Beratung dann auch adäquat vergütet werden. „Gesundheit" geht jeden etwas an, und wir als Wähler müssen von der Politik entsprechende Konzepte einfordern.

Gerade schickt mir mein Kollege Dirk ein Foto mit dem aktuellen „Spiegel"-Titel „Pfusch am Rücken – Das Geschäft mit den unnötigen Operationen – und was wirklich gegen Schmerzen hilft" (Blech, 2022). Dirk schreibt dazu: „Habe ich für unser Wartezimmer gekauft." Ich antworte mit einem Applaus-Emoji. Dirks Nachricht erreicht mich, während ich mich nach einer anstrengenden Woche auf meine Couch zurückgezogen habe und im TV das Handballspiel des SC Magdeburg gegen den HC Erlangen verfolge. In der Werbung der Halbzeitpause ruft mir der HELIOS Konzern zu „Wir können Rücken" und zeigt Bilder aus einem OP-Saal. HELIOS wirbt damit passend für die im „Spiegel" als unnötig bezeichneten Operationen an der Wirbelsäule. Meine hausärztliche Erfahrung deckt sich mit dem Tenor des „Spiegel"-Autors. HELIOS macht keine TV-Werbung für Psychotherapie oder Pädiatrie, obwohl gerade hier der Bedarf extrem groß ist. Und Pädiater im ganzen Land Alarm schlagen. Natürlich nicht. Geworben wird für das, was Geld bringt. Und einen Termin kann man selbstverständlich ganz einfach als Videosprechstunde vereinbaren. Orthopädische Untersuchung aus der Ferne. Klasse. Ich empfinde das als unethisch.

Als Karl Lauterbach Gesundheitsminister wurde, waren meine Erwartungen wie wohl die der gesamten Ärzteschaft groß: Ein Gesundheitswissenschaftler im Ministeramt, das schienen beste Voraussetzungen. „Die Erwartungshaltung an den neuen Bundesgesundheitsminister war zum Amtsantritt von Karl Lauterbach Ende 2021 ungewöhnlich hoch. Dass er den an ihn gestellten Ansprüchen nur schwer würde gerecht werden können, war absehbar – ein Zwischenfazit fällt entsprechend nüchtern aus" formulieren Rebecca Beerheide et al. im Deutschen Ärzteblatt im Dezember 2022. Und in der Tat macht sich der Minister mit der Abschaffung der Neupatientenregelung zum 01.01.2023 unter der Ärzteschaft keine Freunde.

Mit seiner „Krankenhausreform", die der Bundestag am 2. Dezember 2022 beschlossen hat, versucht der Gesundheitsminister den ökonomischen Druck auf die Krankenhäuser zu verringern. Vorhaltekosten sollen übernommen werden, die die hohen Fixkosten abdecken sollen. Bisher mussten auch diese Kosten über Fallpauschalen finanziert werden. Das machte Geburtshilfe und Pädiatrie mit hohen Personalkosten unwirtschaftlich. Lauterbach will mehr ambulante Behandlungen in Krankenhäusern möglich machen und definiert einen Pflegeschlüssel für die Personalbemessung. Darüber hinaus sieht die Reform drei verschiedene Krankenhauslevel mit Häusern der Grundversorgung, Schwerpunktversorgung und der Maximalversorgung vor. Da die Krankenhaushausplanung in das Hoheitsgebiet der Länder eingreift, wurde hier umgehend Kritik laut.

Ich sehe in dieser Reform viele gute Ansätze, jedoch einen, vielleicht den entscheidenden Fehler: Diese Reform hat den ambulanten Sektor total außer Acht gelassen; sie heißt ja auch „Krankenhausreform". Für einen „großen Wurf" reicht dies bei Weitem nicht aus. Wir brauchen unbedingt eine Reform, die die gesamte Gesundheitsversorgung im Blick hat und dann den Namen auch verdient. Eine Krankenhausreform, die den ambulanten Sektor nicht einbezieht, ist nach meinem Dafürhalten nicht zukunftsfähig. Gesundheitsversorgung muss aus meiner Sicht in ganz neuen Dimensionen gedacht werden: Die Reformpläne Lauterbachs sind ja nicht schlecht, weil sie

in die Krankenhausplanungskompetenz der Länder ein-
greifen. Das ist eine parteipolitische Auseinandersetzung,
die am Thema komplett vorbeiführt. Die Reformpläne
sind unzulänglich, weil sie eine Flickschusterei innerhalb des bestehenden Systems darstellen. Auch der
GKV-Spitzenverband moniert Lauterbachs Reform als
unausgegoren: Es gebe kein klar strukturiertes Leistungs-
spektrum für die neuen tagesstationären Behandlungen.
Diese seien vielmehr Aufgabe der ambulanten Versorgung.
Selbst die Deutsche Krankenhausgesellschaft sieht
Schwierigkeiten in der konkreten Ausgestaltung der tagesstationären Behandlungen.

Mir kommt es vor, als sei unser Gesundheitssystem
ein Haus, das so häufig umgebaut, erweitert und saniert
wurde, dass sich nun keiner mehr in ihm zurechtfindet.
Dabei werden immer wieder einzelne Räume und Etagen
saniert und umgebaut. Und in jeder Etage definiert ein
anderer Hausmeister eine neue Hausordnung. Manchmal
ist Abriss und Neubau die sinnvollere Alternative zu
Sanierung und Umbau. Dafür braucht es aber häufig
einen unvoreingenommenen Blick von außen. Auch
ich liefere bestimmt nicht diesen „Blick von außen".
Jedoch erlaube ich mir diesen Blick, da er sich aus vielen
Patientenerlebnissen geformt hat. Und ich behaupte, das
ist nicht die schlechteste Voraussetzung.

Diesen Blick berücksichtigt Lauterbachs Krankenhausreform in keiner Weise. Reform? Sicherlich. Revolution?
Mitnichten.

Bei all den gescheiterten und aus dem Ruder gelaufenen
Reformen im Gesundheitsbereich muss man sich die Frage
stellen, warum wir „Gesundheit" in Deutschland nicht
können. Eine Antwort darauf findet Karl Lauterbach im
überbordenden Lobbyismus, wenn er in einem Zeit-Inter-
view auf die Frage ‚Ist die bisherige Gesundheitspolitik an

der Unwissenheit Ihrer Vorgänger gescheitert?' antwortet: „Nein, die Lobbygruppen im Gesundheitswesen sind einfach zu stark." (Lauterbach et al., 2022). Damit legt er den Finger in die vielleicht größte Wunde unseres kranken Gesundheitssystems. Es wird – davon bin ich überzeugt – bei dem Aufbau eines leistungsfähigen Gesundheitssystems in Deutschland nicht nur darauf ankommen, was ein einzelner Minister tut, sondern auch, was die relevanten „Stakeholder" (Krankenkassen, Krankenhauskonzerne, Pharmaindustrie, Bundesländer, Ärzteverbände, etc.) nicht mehr tun – also auf ihren einseitigen Vorteil zu schielen. Es geht um die Gesundheit unserer Bevölkerung, unserer Bürgerinnen und Bürger. Dahinter müssen Partialinteressen zurücktreten. Das ist keine naive Sichtweise, sondern mittlerweile eine knallharte, lebenserhaltende Forderung. Wer seine eigenen Interessen hinter diesem übergeordneten Ziel nicht zurückstellen kann, macht sich mitschuldig am Versagen unserer Gesundheitsversorgung. Ich bin gespannt, ob die Lobbyisten es schaffen werden, von ihren verfestigten Interessen endlich abzulassen und damit einen weiten Blick auf das Ganze ermöglichen und zulassen können. Wahrscheinlich wird es dafür wohl auch die laute Stimme der Patientinnen und Patienten bedürfen, damit dies nun endlich passiert.

„I have a dream!" Diese Aussage steht im Zentrum jener berühmten Rede von Martin Luther King, die er 1963 in Washington hielt. Ich als Hausärztin habe auch meine Wünsche und Träume, beispielsweise von einer interdisziplinären Gemeinschaftspraxis mit angeschlossener Kurzlieger-Station. Es scheitert jedoch an der Finanzierung. Ich bin mir sicher: Viele Menschen in diesem Land haben nicht nur Wünsche und Träume, sondern auch gute Ideen für die Zukunft unserer Gesundheitsversorgung. Meine Bank wird mir für die konkrete

Umsetzung allerdings kein Millionen-Budget zur Verfügung stellen. Schade eigentlich.

Wer also hierzulande traut sich – gerne gemeinsam mit mir – an die Realisierung eines solchen Projektes heran? Und wer bringt die finanziellen Mittel dafür auf? Bitte unbedingt bei mir melden! Ich habe die Hoffnung auf „den großen Wurf", der die Gesundheitsversorgung in diesem Land gleichzeitig bezahlbar und besser macht, noch nicht aufgegeben!

Literatur

Beerheide, R. et al., Deutscher Ärzteverlag Deutsches Ärzteblatt
(2022): Ein Jahr Lauterbach: Wissenschaftler im Ministeramt, Deutsches Ärzteblatt. https://www.aerzteblatt.de/
archiv/228792/Ein-Jahr-Lauterbach-Wissenschaftler-im-
Ministeramt. Zugegriffen: 19. Dez. 2022.

Blech, J. (17. Dezember 2022). Das Geschäft mit unnötigen
Operationen – und was wirklich gegen Schmerzen hilft.
DER SPIEGEL (Ausgabe 51/2022). https://www.spiegel.de/
wissenschaft/medizin/rueckenschmerzen-ueberfluessige-ops-
was-wirklich-gegen-das-volksleiden-hilft-a-a790a0e3-a64d-
48e9-bd13-a44e1460906f. Zugegriffen: 19. Dez. 2022.

Hommel, T. (30. Januar 2022). Enttäuschung bei Ärzten über
schmale Diabetespläne der Ampel-Koalition. *ÄrzteZeitung*.
https://www.aerztezeitung.de/Politik/Enttaeuschung-
bei-Aerzten-ueber-schmale-Diabetesplaene-der-Ampel-
Koalition-426365.html. Zugegriffen: 12. Nov. 2022.

Lauterbach, K. Grabbe, H. & Spiewak M. (15. Dezember
2022). Die Widerstände werden gigantisch sein. *Zeit, 52*.

L. Dalhaus, *Medizin zwischen Moral und Moneten*,
https://doi.org/10.1007/978-3-658-40043-9

ZEIT Online. (5. Juni 2019). Julia Klöckner wird für Video mit Nestlé-Chef kritisiert. https://www.zeit.de/zustimmung ?url=https%3A%2F%2Fwww.zeit.de%2Fpolitik%2Fdeuts chland%2F2019-06%2Flobbyismus-julia-kloeckner-nestle-vorwurf-pr. Zugegriffen: 13. Nov. 2022.

Printed in the United States
by Baker & Taylor Publisher Services